KB128184

16만
시간의 기적

16만 시간의 기적

초판 1쇄 발행   2022. 10. 14.
    2쇄 발행   2023. 9. 14.

지은이   박호근
펴낸이   김병호
펴낸곳   주식회사 바른북스

편집진행   김재영
디자인   최유리

등록   2019년 4월 3일 제2019-000040호
주소   서울시 성동구 연무장5길 9-16, 301호 (성수동2가, 블루스톤타워)
대표전화   070-7857-9719 | **경영지원**   02-3409-9719 | **팩스**   070-7610-9820

•바른북스는 여러분의 다양한 아이디어와 원고 투고를 설레는 마음으로 기다리고 있습니다.

이메일   barunbooks21@naver.com | **원고투고**   barunbooks21@naver.com
홈페이지   www.barunbooks.com | **공식 블로그**   blog.naver.com/barunbooks7
공식 포스트   post.naver.com/barunbooks7 | **페이스북**   facebook.com/barunbooks7

ⓒ 박호근, 2023
ISBN 979-11-6545-901-7 03190

•파본이나 잘못된 책은 구입하신 곳에서 교환해드립니다.
•이 책은 저작권법에 따라 보호를 받는 저작물이므로 무단전재 및 복제를 금지하며,
 이 책 내용의 전부 및 일부를 이용하려면 반드시 저작권자와 도서출판 바른북스의 서면동의를 받아야 합니다.

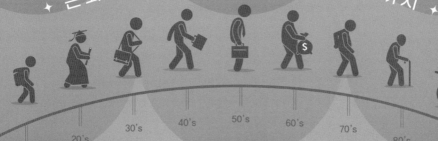

은퇴 후 인생후반전 설계부터 실행까지

16만
시간의 기적

저자 **박호근**

세바시
명강연
100 선정

이 시대 최고의 인생설계 전문가를 책으로 만나다.

"인생후반전은 'END'가 아닌 'AND'다.
하프타임으로 진단하고 실행하라."

바른북스

과학과 의학의 발전으로 평균 수명이 연장되면서, '100세 시대'가 눈앞으로 성큼 다가왔다. 베이비부머의 평균 수명은 이미 100세 이상이 될 것으로 예측되고 있다. 60세에 은퇴해 100세까지 산다고 가정했을 때, 하루 중 일상생활에 꼭 필요한 수면, 식사, 가사노동 등의 시간을 제외한 여가 시간은 16만 600시간(11시간×365일×40년) 정도 된다. 우리에게 은퇴 이후 남아 있는 시간을 계산해보면, 60세에 은퇴하고 100세 시대로 계산한다면 16만 시간까지 늘어나는 것이다. 이렇게 길어진 은퇴 후의 시간은 축복이 될 수도 있고 재앙이 될 수도 있다. 그렇기에 자신만의 '인생설계'를 해야 한다.

많은 사람들이 은퇴를 앞두고 후반전에 대한 계획이 없어 안절부절못하거나, 평생을 다니던 직장을 퇴직한 후 무의미하게 인생을 살아가는 사람들을 종종 만나게 된다. 그들은 '직장에서의 은퇴를 인생의 은퇴와 동일시하고 있는 듯 보인다. 무엇인가를 시작해야 하지만 어떻게 시작해야 할지 두렵고 마치 축구경기의 후반전에 골을 안 먹기 위해 안절부절못하는 모습처럼 느껴진다.' 그러나 걱정만 하고 있다고 환경이 바뀌지 않는다. 망설이고만 있다면 아무런 변화도 기대할 수 없다. 이제 염려의 자리를 희망으로 대체해야 한다. 염려는 흔들의자와 같이 마음을 흔들어 놓지만 앞으로는 나아가지 못한다는 사실을 깨달아야 한다.

이제 베이비부머(Baby boomer) 세대 710만 명이 은퇴하고 있다. 과연 그들은 은퇴를 어떻게 생각하고 있는가? 더 이상 쓸모 없어 퇴출되는 것으로 생각하는가 아니면 더 멀리 가기 위한 새로운 도전의 기회로 보는가? 은퇴를 의미하는 영어단어 'Retire'는 'Re+Tire', 다시 해석해보면 더 멀리 가기 위해 '다시+타이어를 갈아 끼운다.'는 말로 해석할 수 있다. 전략기획자이자 컨설턴트인 댄 설리번(Dan Sullivan)은 "만약에 예순이 된 사람들을 몽땅 모아놓고, 그들이 앞으로 25년에서 30년간 높은 생산성을 내고 사회에 기여할 수 있다는 사실을 깨닫게 한다면 혁명적인 일이 일어나기 시작할 것."이라고 말했다. 몇 년 전 저자가 저술한 『인생에도 리허설은 있다』는 책으로도 많은 사람들이 하프타임을 통해 후반전을 리허설하고 새로운 후반전을 열었다. 이 책을 읽고 있는 당신도 이제 인생의 16만 시간, 인생후반전의 여행을 떠나기 위해 준비를 해야 하지 않겠는가?

　　마치 운동경기에서 전반전을 뛴 선수들이 후반전을 위한 하프타임에 작전타임을 갖는 것처럼 인생 경기 전반전에 잘못 펼쳤던 전략과 전술들을 반성하고 나태한 습관, 마음에 박혀 있던 편견, 오만 등을 제거하면서 새로운 마음으로 인생의 16만 시간을 희망을 가지고 뛸 준비를 하는 것이다. 인생의 전반전이 어떠했는가는 중요하지 않다. 아직 후반전이 남아 있기 때문이다. 인생의 작전타임인 '하프타임'을 어떻게 보내는가에 따라 인생후반전 결과가 좌우되기 때문이다. 이러한 의미에서 이 책은 인생의 16만 시간을 구체적으로 준비할 수 있는 작전타임인 하프타임을 가질 수 있도록 기획하고 저술한 책이다. 이 책을 통해 인생의 작전타임을 갖고 '16만 시간의 기적'을 경험하고 멋진 후반전이 열리게 되기를 소망한다.

인생의 16만 시간을 생각하는
저자 박호근

Halftime | 작전타임

내 인생의
세이프티 휘슬

Advance | 후반전 나아가기

경기는
끝나지 않았다

Target | 후반전 목표 점검하기

T

후반전 인생의
작전타임

Improvement | 액션플랜

I

하프타임의
실천전략

Motive | 동기부여

희망이 있는 사람은
음악이 없어도 춤춘다

Excellent | 사명선언서

쓰면
이루어진다

H
A
L
F
T
I
M
E

16만 시간의 기적

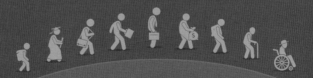

내 인생의 세이프티 휘슬

은퇴 후 인생후반전 설계부터 실행까지

HALFTIME

언제 하프타임이
필요할까?

경기에서 전반전이 끝난 것을 알리기 위해 심판은 휘슬을 불어 경기의 종료를 알리게 된다. 이 휘슬의 의미는 후반전을 들어가기 전에 하프타임을 통한 작전타임이 필요함을 의미한다. 인생의 전반전을 끝낸 많은 사람들이 전반전을 돌아볼 시간이나 전략도 없이 조급함을 가지고 후반전에 뛰어드는 경우를 종종 볼 수 있는데, 기억해야 할 것은 더욱 활기차고 의미 있는 인생후반전은 정년 후에도 최소한 40년 정도 추가로 남아 있다는 사실이다. 그래서 인생의 전반전을 끝낸 뒤 하프타임 없이 후반전으로 곧장 뛰어드는 것은 마치 전반전을 마친 팀이 하프타임에 라커룸으로 향하지 않고 운동장에 그대로 주저앉아 잠시 휴식을 취하다가 후반전을 맞이하는 것과 같은 것이다. 기억해야 할 것은 하프타임을 갖지 않으면 더 나은 후반전은 절대로 기대할 수가 없다는 것이다. 그래서 하프타임은 타임아웃(Time-out) 이상의 의미를 지닌다. 이제 전반전을 뛴 선수들은 잠시 필드를 떠나 감독을 만나야 할 시간이 필요한데 바로 이것이 하프타임이다.

축구에서 하프타임은 비록 15분간의 짧은 시간이지만, 이 시간을 어떻게 보내느냐에 따라 경기의 승패가 좌우되기도 한다. 이러한 하프타임은 운동경기에서만 아니라 우리 인생에도 적용된다. 전반전에 패한 팀이라고 할지라도 후반전에 역전이라는 짜릿한 경험을 할 수 있듯이, 우리의 인생도 마찬가지다. 비록 인생의 전반전을 큰 성과 없이 보냈다 할지라도 하프타임을 통해 멋진 인생역전을 경험할 수 있다. 이것이 16만 시간의 기적인 것이다. 이때 하프타임을 갖게 되면 나머지 후반전의 삶이 놀랍게 변화한다. 하프타임은 인생의 전반전을 마치고 후반전 인생을 새롭게 준비하는 사람들을 위한 작전타임이기 때문이다. 이러한 인생의 하프타임은 성공추구에서 의미추구의 후반전 인생으로 전환하게 되는 삶을 의미한다. 그 이유는, 왜 사는가에 대한 삶의 의미와 어떻게 가치 있는 인생을 살 것인가에 대한 고민에 대해 답을 얻게 되기 때문이다.

그렇다면, 사람들은 언제 하프타임이 필요하다고 생각할까? 어떤 사람은 중년의 시기라고도 하고, 또 어떤 사람은 정년을 앞둔 시점이라고도 생각한다. 그러나 인생의 전반전에 우리는 좌절을 겪고 상황이 잘못되면 막다른 길에 서기도 한다. 이러한 상황에 있다면 지금 후반전을 위한 인생의 작전타임인 하프타임이 필요하다는 신호이다. 세계적인 경영학자 클레이튼 M 크리스텐슨 교수는 하버드대학교 경영대학원을 졸업하고 몇 년 후 동창생들을 만났다. 그들은 모두 멋진 일을 하고 있었고, 대부분 훌륭한 배우자와 결혼해서 살고 있었다. 모두가 화려한 인생이었다. 그가 다시 10년 뒤에 동창회에 나가자 상황은 조금 달랐다. 이혼을 하거나 개인적으로 불행한 일이 있었던 일부는 아예 동창회에 나오지 않았다고 한다. 그들의 전반생은 성공한 삶을 살았다. 그러나 시간이 지나면서 그들의 삶은 표류하는 배처럼 표류하는 사람이 많았다는 것이다.

삶에는 세 종류의 멈춰 서는 경우가 있다. 하나는 쉬기 위해 멈추는 경우이고, 다른 하나는 쉬지 않고 달리다가 고장 나서 어쩔 수 없이 멈춰 서는 경우이다. 그리고 마지막 한 가지는 인생의 16만 시간을 위한 하프타임을 갖는 것이다. 누구나 인생후반전의 첫걸음은 지난 삶을 되돌아보는 '하프타임'을 갖는 것이 필요하다. "지금까지의 삶이 스스로 선택한 삶이 아니라 내몰려서 살아온 삶이라면 이제는 자신이 꿈꾸고 원하는 새로운 후반전을 위한 작전타임이 필요한 것이다." 쉬기 위해 멈추면 휴식과 충전과 여유를 얻게 되지만, 고장이 나서 멈추게 되면 뒤늦은 후회와 회한만이 남게 된다. 전반전에 진 팀도 하프타임을 통해 새로운 전략을 세운다면 역전승이 가능한 것처럼 우리의 인생도 마찬가지이다.

당신은 하프타임을 가짐으로써 과거에는 생각해볼 시간조차 갖지 못했던 그런 모든 질문들에 대해 스스로 해답을 찾는 기회를 갖게 될 것이다. 하프타임은 현실로부터의 도피가 아니며, 자신의 삶을 적극적으로 개척해 나가기 위한 충전의 시간이다. 하프타임을 통해 당신이 해야 할 일은 과거에 대한 후회가 아니라 멋진 후반전을 위한 준비이다. 인생의 남은 16만 시간을 위해 하프타임을 갖고 자신의 전반전을 진단하고 새로운 전략을 가지고 후반전을 시작하면 되는 것이다.

"

쉼표는 '숨'입니다.

쉼표가 있어야 숨을 쉴 수 있고,

숨을 쉴 수 있어야 다음 문장으로,

다음 절로 넘어갈 수 있습니다.

"

·하프타임 자기진단법 / 진단1·

1. 하프타임 진입여부

질 문 내 용	비 고
1. 지금 나는 내 인생에 대해 만족하지 못하고 있다	
2. 현재 하고 있는 일은 정말로 내가하고 싶어하는 일이 아니다	
3. 나는 특별한 목적을 위해 태어났다고 생각한다	
4. 나는 자신의 분명한 가치관을 가지고 있지 못하다	
5. 10년 후 내가 무엇을 하고 있을지 모르겠다	
6. 나의 재능이 무엇인지 잘 알지 못한다	
7. 현재 하고 있는 일을 그만 두었으면하고 생각할 때가 많다	
8. 돈이 인생의 전부는 아니라고 생각한다	
9. 다른 사람들은 나를 성공했다고 칭찬하지만 나 자신은 만족스럽지 못하다.	
10. 인생은 죽음으로 모든 것이 끝난다고 생각하지 않는다	
11. 구체적인 계획없이 조기퇴직을 꿈꾼 적이 있다	
12. 미래계획은 가지고 있지만 실천이 두렵다	
13. 미래계획으로 하루 중에 많은 시간을 보낼 때가 자주 있다	
14. 아내와 앞으로 어떻게 살 것인지에 대해 자주 이야기 한다	
15. 새롭게 인생을 시작한 친구를 보면 부러운 생각이 든다	
16. 아직 포기하기에는 인생이 너무 많이 남았다고 생각한다	
17. 지금까지 살아온 인생이 내 인생이 아니라는 생각을 자주한다.	
18. 자기 계발 관련 세미나 등에 관심이 많은 편이다	
19. 회사를 그만 두어도 몇 년간 현재의 생활을 지속하는 데 경제적인 문제는 없다	
20. 예전보다 친목단체 모임에 참석하는 횟수가 늘고 있다.	

평가)

표시가 15개 이상 / 현재 완전한 하프타임의 상태

표시가 10개 이상 / 하프타임의 초기 상태

표시가 5개 이상 / 하프타임의 진입 직전 상태

표시가 3개 미만 / 하프타임과 아직 무관

이제 전반전이
끝났을 뿐이다

베이비부머(Baby boomer) 세대는 은퇴를 어떻게 생각하고 있을까? 더 이상 쓸모없어 퇴출되는 것으로 생각하는가 아니면 더 멀리 가기 위한 새로운 도전의 기회로 보는가? 20년 넘게 하프타임 강의와 세미나를 통해 만난 사람들 중에 은퇴를 앞두고 후반전에 대한 계획이 없어 안절부절못하거나, 평생을 다니던 직장을 퇴직한 후 무의미하게 인생후반전을 살아가는 사람들을 종종 만나게 된다.

그들을 만나면서 안타까운 것은 '직장에서의 은퇴를 인생의 은퇴와 동일시하고 있다.'는 것이다. 무엇인가를 시작해야 하지만 어떻게 시작해야 할지 두렵고 마치 축구경기의 후반전에 골을 안 먹기 위해 안절부절못하는 모습처럼 느껴진다. 분명히 알아야 할 사실은 우리의 인생의 경기는 끝난 것이 아니라 이제 전반

16만 시간의 기적

전이 끝났을 뿐이라는 것이다. 후반전이 아직 준비되지 않았다고 걱정만 한다고 환경이 바뀌지 않는다. 망설이지 말고 염려의 자리를 희망으로 대체해야 한다.

염려는 흔들의자와 같이 마음을 흔들어 놓지만 앞으로는 나아가지는 못한다. 워런 버핏은 "나는 매일 아침 탭댄스를 추면서 출근한다."라고 말했다. 그가 매일 탭댄스를 출 수 있는 이유가 무엇일까? 바로 내일에 대한 희망이 있기 때문이다. 지금 당장 처한 상황이 위태롭고 짜증 나고 괴로운데 탭댄스를 추는 것은 쉽지 않다. 그러나 희망이라는 음악에 맞추어 탭댄스를 추겠다고 마음먹으면 상황은 얼마든지 변화시킬 수 있다. 여기에서 희망은 '여기가 끝이 아니라 새로운 후반전이 남아 있다는 사실이다.' 당신도 이제 후반전을 위한 필드에서 전반전보다 더 힘있게 후반전을 뛸 수 있다.

우리의 전반전은 오직 남들보다 더 빠른 성공과 부의 축적을 위해 앞만 보고 달려왔다. 그러나 후반전은 자신을 돌아보고 전반전과 다른 후반전을 위해 스스로를 돌아볼 여유가 필요하다. 캐나다 매킨 교수의 조사에 의하면, 젊은 나이에 빨리 출세한 사람일수록 과도한 정신적, 육체적 스트레스가 누적된 데다 일단 얻은 위상을 유지하고자 많은 무리를 하기에 불행이 가속되고 단명한다고 진단했다. 인생의 '하프타임'을 어떻게 보내느냐에 따라 인생 16만 시간의 경기결과가 좌우되기 때문이다.

특히, 앞만 보고 성공을 향해 달려온 사람들은 잠시 멈추거나 쉼을 갖는 것에 대해 망설이기도 하고 주저한다. 그리고 시간이 주어졌을 때 무엇을 해야 할지 몰라 무엇인가를 향해 계속 달려가야 한다는 강박관념에 사로잡혀 탈진할 때까지 달려가는 데 집중하는 사람이 많다. 그러나 이제 잠시 분주한 삶을 멈추고 하프타임을 가져보라. 그리고 스스로 질문해보자. 나는 지금 항해하고 있는가? 표류하고 있는가? 둘 사이에는 어떤 차이가 있을까? 당연히 항해하는 사람은 목적지를 가지고 지도와 나침반이 있는 사람일 것이고, 표류하는 사람은 망망대해에서 어디로 가야 할지 모르는 사람일 것이다. 우리는 앞만 보고 질주하는 삶을 살다 보니 이렇게 간단한 것을 모르고 살아간다. 목적지와 지도, 그리고 나침반, 이 3가지가 있어야 항해하게 된다. 인생을 표류하는 사람으로 살지 않으려면 키를 잡고 돛을 올리고 목적지를 향해 나아가야 한다.

"인생은 속도가 아니라 방향이다(Life is not speed but direction)."라는 말이 있다. 우리는 얼마나 빠르게 혹은 더 많은 것을 이루며 살아가고 있는지에 대해 관심이 많다. 그러나 가끔은 멈춰서 내가 어느 방향으로 가고 있는지, 어떤 길을 걸어왔는지, 나아가는 방향이 내가 원하는 방향이 맞는지 점검할 필요가 있다. 천천히 가도 결국 방향성이 옳으면 그게 옳은 인생이다. 전반전이 끝났다고 인생이 끝난 것이 아니다. 이제 전반전이 끝난 것뿐이다.

"

성공하는 사람들의 5가지 특징

. . . . . .

1. 자신만의 철학, 비전, 가치 등을 정리해서 가지고 있다.

2. 10년 이상 한 가지 분야에 몰입한 경험이 있다.

3. 전문분야를 통해 경제적인 이익도 창출하지만 재능기부에도

   적극적이다.

4. 자신의 전문분야에서 팔로워들이 있다.

5. 자신만의 노하우, 경험, 전문성을 담은 책을 집필했다.

"

·기대 수명 알아보기·

이 조사는 현재의 여러 가지 상태를 고려하여 자신의 잔여 수명을 예측해보는 프로그램입니다.
아래의 각 문항을 읽고 자신의 솔직한 상황을 고려하여 계산해 나가시기 바랍니다.

먼저, 82라는 숫자에서 시작하십시오.

1. 개인적 자료   82

1) 남성이면 3을 빼십시오.   —

2) 여성이면 4를 더하십시오.   —

3) 2백만 명 이상의 인구를 가진 도시 지역에 살면 2를 빼
   십시오.   —

4) 1만 명 이하의 읍이나 농지에서 살면 2를 더하십시오.   —

5) 한 명의 조부모가 85세까지 살았으면 2를 더하십시오.   —

6) 조부모 4명이 모두 80세까지 살았으면 6을 더하십시오.   —

7) 부모가 50세 이전에 뇌졸중이나 심장마비로 사망했으면
   4를 빼십시오.   —

8) 부모나 형제, 혹은 누이가 50세 이하에 암이나 심장병이

있거나, 아동기 이후 당뇨병이 있으면 3을 빼십시오. —

9) 1년에 6,000만 원 이상을 법니까? 그러면 2를 빼십
시오. —

10) 대학을 졸업했으면 1을 더하십시오. 대학원 학위나 전문
직 자격이 있으면 2를 더하십시오. —

11) 65세 또는 그 이상이고, 아직 일을 하고 있으면 3을 더
하십시오. —

12) 배우자나 친구와 함께 살면 5를 더하십시오. 그렇지
않으면 25세 이후 홀로 있었던 매 10년마다 1을 빼십
시오. —

2. 건강 스타일과 관련된 사항

1) 책상에서 일하면 1을 빼십시오. —
2) 일이 정규적이고, 무거운 육체적 노동을 요구하면 3을
더하십시오. —
3) 일주일에 적어도 다섯 번을 지속적으로 운동하면(테니스,
조깅, 수영 등) 4를 더하십시오. 일주일에 두 번 혹은 세 번
운동하면 2를 더하십시오. —
4) 매일 10시간 이상씩 잡니까? 4를 빼십시오. —
5) 성격이 감정적이고, 공격적이고 쉽게 화를 냅니까? 3을
빼십시오. —
6) 편안히 생각하고 쉽니까? 3을 더하십시오. —

7) 행복합니까? 1을 더하십시오. 불행합니까? 2를 빼십시오. —

8) 작년에 속도위반 딱지를 뗐습니까? 1을 빼십시오. —

9) 여성이고, 1년에 한 번 산부인과 의사를 찾으면 2를 더하십시오. —

10) 하루에 두 갑 이상 담배를 피웁니까? 8을 빼십시오. —

11) 초과 체중이 20kg 혹은 그 이상입니까? 8을 빼십시오. —
  11~20kg입니까? 4를 빼십시오. 4~10kg입니까? 2를 빼십시오. —
  [ㅣ초과 체중ㅣ= (키 110cm) 몸무게, 예를 들어, 키 170cm에 몸무게가 80Kg이라면, 초과 체중은 (170-110)-80= -20이 됩니다.]

12) 40세 이상 남자이고, 매년 건강 체크를 하면 2를 더하십시오. —

13) 나이가 30~40세 사이면 2를 더하십시오. —
  40~50세 사이면 3을 더하십시오. —
  50~70세 사이면 4를 더하십시오. —
  70세 이상이면 5를 더하십시오. —

이제 기대 수명을 알고 싶으면 지금 당신의 점수를 계산하십시오. 그것을 다양한 연령의 전국 평균치와 비교해 보십시오. 참고로 한국인의 평균 수명은 82세입니다.

나의 기대 수명: _____

출처: Robert F. Allen with Shirley Linde, Lifegain, Morristown, NJ: Human Resources Institute, pp. 19~21.

전반전의 실패에서
교훈을 얻어라

경기 전반전 45분이 지나고, 전반 내내 메모했던 수첩을 들여다보며 감독은 가장 중요한 시간인 하프타임을 준비하기 시작한다. 최고의 감독과 코치라면 하프타임의 질문을 통해 팀을 실패에서 구해내서 긍정적인 결과를 얻을 수 있도록 한다. 2002년 월드컵 축구에서 한국 축구를 4강에 이끌었던 히딩크 감독은 당시 한국 축구를 분석했는데, "한국 축구의 문제는 후반전이 약한 것인데 전반전에 한국 선수들은 너무 열심히 뛰는 바람에 후반전에는 뛸 기운이 없다."라고 평가했다. 히딩크 감독은 그러한 평가를 내리고 체력이 약한 선수들을 위한 체계적이고 과학적인 훈련을 통해 후반전까지 충분히 뛸 수 있는 선수들을 만들어냈고 그 결과 우리 축구는 신화를 만들어냈다. 당신의 전반전을 평가한다면 어떠한가?

대부분 중년들은 전반전을 마치고 치열한 전투를 끝낸 뒤 몰려오는 피로감과 성공 후의 허탈감을 경험한다. 이러한 인생의 변곡점에 선 사람들은 새로운 후반전을 위한 또 다른 출발선에 선 것이다. 전반전을 평가해 본다면 때로는 승리한 것 같기도 하지만 무언가 아쉽고 후회가 앞서는 안타까운 순간도 떠오를 것이다. 그러나 중요한 것은 전반전이 끝났을 뿐 아직도 후반전이 남아 있다는 사실이다. 사람은 누구나 후회를 한다. 한 연구에 따르면 10명 중 8명은 용기를 낼 걸, 그래서 위험을 감수했다면 삶이 더 나아졌을 텐데, 사람들이 '그때 그렇게 하는 대신 저렇게 할걸.' 생각하는 데에만 1년에 110시간을 쓴다는 연구 결과도 있다. 사람들은 과연 무얼 가장 아쉬워할까?

영국 일간 『가디언』이 5가지 목록을 정리했다.

첫째, 많은 이들이 젊었을 때 더 절약하고 더 저축하지 않은 걸 후회한다.

둘째, 용기 내어 사랑을 고백하지 못한 것을 후회한다.

셋째, 젊어서는 떠나고 싶을 때, 떠나지 못한 것을 아쉬워한다.

넷째, 살다 보면 오래된 친구야말로 소중한 보배임을 느끼게 된다. 그럼에도 그간 연락을 못 하고 지낸 것을 후회한다.

마지막으로 좋은 직장을 구하려는 노력이 부족했던 것도 많은 이들이 후회하는 부분이다.

앤드류 매튜스(Andrew Matthews)는 "실패는 고통스럽다. 그러나 최선을 다하지 못했음을 깨닫는 것은 몇 배 더 고통스럽다."라고 말했다. 실수가 없는 사람은 두 부류로 나눌 수 있다. 하나는 애초에 시작하지 않았기 때문에 실수가 없는 사람이다. 즉 기존의 것을 바탕으로 남의 것을 답습만 할 뿐, 시행착오는 남의 몫으로 돌리는 사람이다. 다른 한 부류는 실수하고 실수를 숨기고 적당히 넘어가며 심지어 그것이 잘못이 아니라고 우기는 사람이다. 실수할 것이 무서워 위축되는 사람은 좋은 기회를 놓치기 쉽다.

후반전은 실수하는 것을 두려워하지 말고 실수에 대한 두려움을 극복할 때, 숨겨져 있던 뛰어난 능력, 다양한 가능성, 열정을 마음껏 펼칠 수 있게 된다. 즉 실수를 해도 괜찮다는 마음가짐을 가질 때, 진정한 후반전이 열리게 되는 것이다.

「슈렉」, 「쿵푸팬더」 등 인기 애니메이션 영화를 제작한 드림웍스의 최고경영자인 제프리 카젠버그가 남긴 명언 중에는 "큰 실수나 크게 무언가를 잃거나 끔찍한 일들이 지나가고 나면 아름다운 일이 생긴다."라고 했다. 드림웍스의 경영자가 되기 전 제프리 카젠버그는 큰 명성을 얻었던 디즈니의 제작자였다. 「미녀와 야수」 등 히트작을 연이어 내며 최고의 인기를 구가하기도 했다. 사람들이 더 이상 그 같은 성공을 이뤄내지 못할 것이라 여길 만큼 성공가도를 달리고 있던 그때 제프리는 돌연 디즈니사로부터 해고를 당한다. 처음에 그는 해고를 자신에게 닥친 '재앙'이라 생각했다. 그러나 그는 드림웍스를 설립해 연이어 흥행작들을 내면서 디즈니의 아성에 도전했다. 그에게 '재앙'은 포기와 좌절이 아니라 더 아름다운 일들을 가져오게 하는 '하프타임'이었던 것이다.

인생에 있어서 의미 있는 전환점을 위한 하프타임은 복권 당첨과 같은 행운이 아닌 자신을 진단하고 철저하게 준비하는 것에서 출발해야 한다. 실패는 누구나 하는 것이다. 따라서 실패를 깨닫고 바로잡는 사람이야말로 진정한 하프타이머(Halftimer)가 되는 것이다.

"

나이를 먹을수록 꼭 기억해야 할 것

. . . . . .

1. 지나친 걱정도 병입니다.

2. 하루에 10분씩만 웃어라.

3. 주는 데 인색하지 마라.

4. 지혜롭게 처신하라.

5. 모여서 남을 흉보지 마라.

6. 한 번 한 소리는 두 번 이상 하지 마라.

7. 젊은이들과 어울려라.

8. 술, 담배를 줄여라.

9. 돈이 재산이 아니라 사람이 재산이다.

10. 매일 몸을 깨끗이 해라.

11. 성질을 느긋하게 가져라.

12. 자식에게 이래라저래라 하지 마라.

13. 마음에 들지 않아도 웃으며 받아들여라.

14. 하루에 하나씩 즐거운 일을 만들어라.

15. 누워있지 말고 끊임없이 움직여라.

,,

16만 시간의 기적

후반전을
바꾸는 질문

철학자 쇼펜하우어는 "인생 최초의 40년이 본문을 만드는 일이라면 나머지 30년은 주석을 다는 일이다."라고 했다. 인생을 경기에 비유하면 전반전보다 후반전이 더 중요하다. 그리고 연장전은 더 중요하다. 마지막 순간을 향해 준비하고 그때 집중하면 인생을 승리할 수 있다. 만약 전반전에 잘나갔던 사람이 후반전에 들어가서 힘이 빠져 경기를 망친다면 이것처럼 허탈한 이야기는 없을 것이다.

그래서 지금은 25세까지는 연습기간, 50세까지는 전반전, 75세까지는 후반전, 100세까지는 연장전이 되는 시대이다. 멋진 결승골은 후반전이나 연장전에 터진다. UCL 리버풀과 바르샤의 대역전극 못지않은 역전극이 K리그에서 일어났는데, 0-4 스코어가 5-4로 뒤집히는 역대급 명승부가 펼쳐진 것이다. 한마디로 각본 없는 드라마였다. 전반전에 4골을 먼저 내준 뒤 5골을 넣으며 경기를 뒤집었다. 그것도 후반 25분 첫 골을 터뜨린 뒤 내리 4골을 퍼부었다. 후반 추가 시간에만 3골이 터졌다. K리그 역사상 4골 차를 뒤집고 역전승을 거둔 것이다. 이처럼 전반전을 리뷰하고 후반전에 새로운 전략을 통해 역전승을 만들어낼 수 있는데 이것을 하프타임의 기적이라고 부른다. 그렇다면 하프타임의 기적을 만들기 위해서는 무엇을 해야 하는가?

하프타임에 스스로 질문해보기 바란다.

- 지금 나는 내 인생에서 정말 중요한 무언가를 놓치며 살고 있지 않는가?
- 내가 정말로 갈망하고 있는 것은 무엇인가?
- 나는 누구인가?
- 나는 무엇에 가치를 두고 사는가?
- 10년 뒤에 나는 무엇을 하고 싶은가? 20년 후에는?
- 내가 지금 하던 일을 그만둔다면 그 대가로 무엇을 얻을 수 있을까?
- 남부럽지 않게 성공했다고 생각하는데, 왜 허전한 느낌이 드는 것일까?
- 이러한 질문에 답하고 새로운 후반전을 뛴다면 전반전의 실책을 거울삼아 더욱 놀라운 후반전 승리를 경험하게 될 것이다.

하프타임이 필요한 시기에 들어가는 증상을 '정체기(Plateauing)'
라고 부르는데, 더 나아가지도 않고 그렇다고 퇴보하는 것도 아
니면서 불만족스러운 상태에 그대로 머물러 있는 것을 말한다.
삶이 정체기에 빠졌을 때 나타나는 현상이 있다.

- 의사 결정을 꺼린다.
- 구체적인 계획도 없이 조기퇴직을 꿈꾼다.
- 미래의 계획에 대해 말하기는 하나, 그것을 실현하기 위한 행
  동이 뒤따르지 않는다.
- 밤에는 잠을 이루지 못하고, 낮에는 비몽사몽 생활한다.
- 하루 중 대부분의 시간을 불만스러운 상태로 지낸다.
- 친구를 만났을 때 같은 얘기를 반복해서 한다.
- 지금 무언가를 배우고 있지도 않고 그러고 싶지도 않다.
- 현재의 생활방식이 불안정하고 산만한 편이다.
- 자신의 인생에 대해 책임지기를 두려워하여 환경이나 타인에
  게 전가한다.
- 장래에 대한 열망이나 기대가 전혀 없다.
- 과도하게 걱정이 많아진다.

위의 질문들 중에 나는 몇 개가 해당되는가? 스스로 질문해
보기 바란다.

"

늙어가면서 차례로 사라져가는 것(괴테)

· · · · · ·

1. 친구

2. 일

3. 재산

4. 성욕

5. 지위

6. 미래

7. 희망

"

전반전,
Good Bye!라고 말하라

대부분의 사람은 지도도 표지판도 없이 낯선 세계를 표류하듯 살아간다. 산더미 같은 일에 파묻혀 있다 보면 시간은 하염없이 흐르고 사람들은 앞으로 나아질 것이라는 막연한 기대와 희망을 품는다. 그러나 새로운 변화를 위해 스스로 무언가를 시작하지 않는다면 삶은 그 자리에 계속 머물러 있을 뿐이다. 흔히 직장에서 임원이 되는 것을 두고 '별을 단다.'고 한다. 그래서 임원을 '기업의 꽃'이라고 말한다. 그러나 별은 떨어지고 꽃은 지게 마련이다. 언제까지 그 자리에 있을 수만은 없다. 결국 임원은 '임시직원'일 뿐이다.

대부분의 인생을 성공만을 추구하며 살아온 사람들은 주변을 돌아볼 시간 없이 바쁘게 살아왔다. 그러나 인생의 후반전은 의미추구의 삶을 살면서 올라갈 때 보지 못한 것들을 내려가면서 보는 시간이 필요하다. 등산을 해본 사람이라면 정상을 향해 오르는 데는 많은 시간이 필요하지만, 정상에 도달한 이후 정상에서 머무르는 시간은 짧을수록 좋다. 왜냐하면, 하산의 시점을 놓치면 조난당하거나 어려움을 겪게 되기 때문이다. 등산은 오르는 것만이 등산이 아니다. 하산도 등산이다. 과거의 영광을 빨리 잊고 Good Bye!라고 말할 수 있을 때 비로소 후반전은 시작된다.

후반전이 강한 사람은 언제나 현실에 안주하려는 자신에게 "굿바이(Good bye)."라고 말할 수 있는 사람이다. F. 실러는 "시간의 걸음걸이에는 세 가지가 있다."라고 했다. "미래는 주저하면서 다가오고, 현재는 화살처럼 날아가고, 과거는 영원히 정지하고 있다.", 만약 당신 인생의 전반전이 화려하게 살아왔다고 해서 후반전도 그렇게 될 것이라고 낙관해서는 안 된다. 새로운 일을 시작하려면 구체적이고 치밀한 준비가 뒤따라야 한다. 중요한 것은 지금 바로 이 순간이 기회임을 자각하고 언제든지 다시 시작할 수 있도록 준비를 하는 것이다.

'체감 정년'이 갈수록 짧아지는 요즘 같으면 인생전반전보다 인생후반전이 더 길어질 수도 있다. 혹시 전반전이 화려했어도 후반전이 불행하면 결국 불행한 인생이다. 반대로 전반전이 끝났을 때 허탈했지만 후반전이 화려했다면 오히려 화려한 인생이다. 직장생활 30년 이후를 가정했을 때, 놀랍게도 남은 인생은 열심히 일했던 30년보다 훨씬 긴 40년이 남아 있다. "40년을 어떻게

살 것인가?", "여행, 골프, 낚시, 그리고 취미활동만으로 충분한
가?"

　　퇴직 후 무언가를 다시 시작하기 위해서는 여러 가지 제약들
과 끝없이 싸워야 한다. 퇴직이 갑자기 결정돼 미처 준비하지 못
했다면 더욱 그렇다. 당장은 퇴직 걱정이 없더라도 누구나 인생
후반전에 대해 생각해야 한다. 흘러간 세월은 흐르는 물 같아서
다시는 돌이킬 수 없다. 그런데 흘러가는 시간을 붙잡을 수 있는
길이 있다. 하프타임을 갖고 인생후반전을 미리 작전타임하는 것
이다. 장거리 육상경주에서 처음에는 선두였으나 나중에는 한 바
퀴나 뒤처져 달리는 선수를 종종 보게 된다. 그런가 하면 처음에
는 후미에 있다가도 페이스 조절을 잘해서 나중에 선두로 치고
나가는 선수도 있다. 후반전 출발이 늦었다고 조바심을 낼 필요
는 없다. 중요한 것은 현실에 안주하지 않는 것이다.

　　이제 후반전을 시작하려면 전반전에서의 삶을 굿바이라고 말
해야 한다. 아름다운 마무리야말로 새로운 것을 시작하게 만드는
원동력이자 내 자신이 어디를 향해 나아가고 있는지 아는 것이
다. 스위스 심리학자 칼 융(Carl Jung)은 "인생의 전반부를 준비하기
위해 소정의 대학과정을 이수해야 하는 것처럼 후반부를 준비하
기 위한 대학도 필요하다."라고 했다. 얼마든지 과거를 굿바이하
고 새로운 후반전을 희망으로 준비할 수 있다면 인생의 16만 시
간에 얼마든지 새로운 인생후반전을 시작할 수 있다.

"

멋지게 사는 10가지 비결

. . . . . .

1. 힘차게 일어나라.

2. 당당하게 걸어라.

3. 오늘 일은 오늘로 끝내라.

4. 시간을 정해놓고 책을 읽어라.

5. 웃는 훈련을 반복하라.

6. 말하는 법을 배워라.

7. 하루 한 가지씩 좋은 일을 하라.

8. 자신을 해방시켜라.

9. 사랑을 업그레이드시켜라.

10. 매일매일 점검하라.

"

성공적인 후반전을
'리허설'하라!

    4차 산업혁명과 코로나 시대를 살고 있는 현대인들은 언제, 어느 순간 인생의 막다른 골목으로 내몰릴지 모르는 시대를 살고 있다. 의도했든, 의도하지 않았든 맞게 되는 인생후반전을 과연 어떻게 준비해야 성공적인 후반전의 삶을 살 수 있을까? 이 질문의 답은 하프타임으로 후반전을 리허설해 보는 것이다. 리허설(Rehearsal)은 본 공연을 앞두고 하는 '예행연습'이다.

    하인리히 슐리만(Heinrich Schlieman)은 독일의 고대 연구가로 소년 시절부터 트로이의 실재를 믿고 발굴을 꿈꾸었다. 그는 꿈을 이루기 위해 돈을 벌고 각국의 언어를 배워 1808년부터 그리스 일대를 탐사하면서 호메로스의 '일리아스'와 관련된 유적들을 탐구하였다. 1870년 핫살리크 언덕 발굴에 착수하고, 이곳이 호머의 서사시에 나오는 트로이임을 실제로 증명했다.

그는 "꿈을 상상하면 언젠가는 현실이 된다."라고 말했는데, 그의 전반전은 꿈을 이루기 위해 범선의 사환으로 일하던 중에 폭풍을 만나 난파된 배의 선원이 되기도 했지만, 외국어에 재능을 발휘하여 네덜란드어, 영어, 프랑스어, 스페인어, 이탈리아어, 포르투갈어 등 6개 국어를 유창하게 구사할 수 있게 되어 고고학의 발굴을 준비하게 되었다. 그는 꿈을 꾸는 것으로 끝나지 않고 구체적인 예행연습을 했다.

때가 되자 그는 본격적인 발굴 작업을 시작하여 48세에 드디어 그가 어렸을 때부터 꿈꿔왔던 트로이 유적을 실제로 발견해내는 데 성공했다. 자기의 꿈을 이루기 위해서 노력하여 마침내 상상으로만 여겼던 불가능한 트로이 유적을 찾아낸 것이었다. 그는 말하기를 "나의 인생후반기에 진행됐던 모든 발굴 작업은 어린 시절에 받았던 감명에 의해 크게 좌우되었고, 그것은 필연의 결과였다."라고 고백했다. 인생후반전의 꿈을 완성하기 위해 리허설하고 진정한 후반전의 승리를 경험하게 된 것이다.

인생의 리허설은 후반전의 전환점을 위한 결단을 의미한다. 자신 안에 잠재된 능력을 발견하고, 리허설의 반복과 연습을 통해 후반전의 무대에서 그 실력을 발휘할 수 있도록 훈련하는 과정이다. 그러나 운동경기의 하프타임과 달리 인생의 하프타임은 단순히 시간과 나이의 개념이 아니다. 지금 우리가 진행하고 있는 하나의 프로젝트 안에서도 성공적인 마무리를 위해 과정을 돌아보고 일의 목적과 목표를 분명히 하는 시간이 필요하다. 더 나은 후반전을 위해 꼭 필요한 작전타임인 하프타임은 변화를 위한 긴 호흡이 필요하다. 멀리 뛰기 위해 숨을 고르고 준비한다면, 인생의 16만 시간은 얼마든지 인생역전이 가능하다. 이것이 하프타임의 기적이다.

"인생이란 다시 되감을 수 없는 80년짜리 타이머."라는 말이 있는 것처럼 우리는 지나간 시간을 되돌릴 수 없다. 하지만 앞으로 다가올 시간에 대해서는 차근차근 준비할 수는 있다. 하프타임은 바로 자신을 돌아보며 점검하고, 새로운 시도를 위한 계획을 '예행연습'해 보는 시간이다. 그리고 더 멀리, 더 높이 뛰기 위해 숨을 고르는 '재충전'의 시간이다. 인생의 전반전에 실패와 좌절로 힘든 시간을 보낸 사람은 밝은 미래를, 앞만 보고 달려와 몸도 마음도 지쳐 있는 사람은 재충전의 기회를 얻을 수 있다. 그리고 다시 한번 뜨거운 가슴과 차가운 머리로 나머지 인생을 전략적으로 계획하고, 그 계획을 미리 실행해 보는 '예행연습'의 기회 또한 얻게 될 것이다.

사람은 일생 동안 3권의 책을 쓴다고 한다. 제1권은 '과거'라는 이름의 책이다. 이 책은 이미 집필이 완료돼 책장에 꽂혀 있다. 제2권은 '현재'라는 이름의 책이다. 지금의 몸짓과 언어 하나하나가 그대로 기록되고 있다. 제3권은 '미래'라는 이름의 책이다. 3가지 책 중에서 가장 중요한 것은 몇 번째 책일까? 바로 제

2권이다. 현재가 없는 미래가 있을 수 있을까? 우리의 긴 인생후반전 16만 시간을 의미 있게 보내기 위해서는 미래를 위한 현재의 책을 잘 쓰는 것이 필요하다. 그래서 '어제는 역사, 내일은 비밀 그리고 오늘은 선물.'이라고 하고, 진정한 인생의 성공한 사람은 어제의 역사만을 생각하지 않고 또한 내일이라는 미래를 잘 준비하는 사람이다.

"

당신의 인생은 당신이 하루 종일 무슨 생각을 하는지에 달려 있다.

−에머슨−

"

질문사항

· 인생에서 '가장 행복한 때'와 '가장 불행한 때'는 언제, 무엇 때문이었습니까?

· 현재의 삶은 어떻습니까?

· 앞으로 10년 및 20년 후에 나의 삶의 모습은 어떤 것입니까?

· 자신이 추구하는 삶의 목표나 비전은 무엇입니까?

생애곡선 작성 (예시)

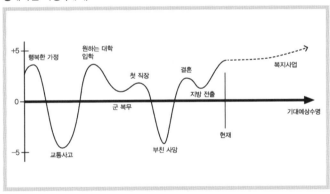

➡ **전반전 제목** : 받기만 하는 삶, 이기적인 삶 / **후반전 제목** : 베푸는 삶, 이타적인 삶

하프타임의 7단계

'하프타임(Halftime)'에 선수들은 감독과 함께 앞으로 어떻게 후반전 경기를 할 것인가를 작전타임한다. 영국 맨체스터의 에티하드 스타디움에서 열린 2018 잉글랜드 프리미어리그 맨시티와 맨유 경기에서 극적인 3-2 승리를 거뒀다.

전반에만 2골을 허용해 패색이 짙었던 맨유는 후반전에 3골을 몰아치며 극적인 역전승을 거뒀다. 0-2로 지다가 후반전에 3-2로 역전한 맨유팀에게 도대체 하프타임에 무슨 일이 있었길래 역전을 했는지 의문을 가진 이들이 많다. 역전승의 비결로 감독과 코치는 하프타임에 맨유의 자긍심을 강조했고 이것이 팀을 바꿨다. 감독의 격려는 '하프타임의 기적'을 만들어낸 것이다.

실제로 전반전을 마친 선수들이 라커룸에 들어와서 하프타임

16만 시간의 기적

을 갖는 과정은 다음과 같다.

1. 타임아웃 / 휘슬 소리를 듣고 선수 대기실 입장한다.
2. 땀을 수건으로 닦는다. / 운동에서 흘린 땀을 닦는다.
3. 물을 마신다. / 갈증을 해소한다.
4. 감독의 불호령 / 전반전을 리뷰하고 감독의 불호령을 듣는다.
5. 작전회의 / 후반전에 이루어져야 할 작전을 다시 짠다.
6. 새로운 유니폼 / 후반전에 들어가기 전에 새로운 유니폼으로 갈아 입는다.
7. 파이팅 / 새로운 후반전에 임하는 에너지 UP!

인생의 전반전을 보낸 사람들에게 묻고 싶은 질문이 있다. "지금 당신은 행복합니까? 불행합니까?"라는 질문이다. '행복은 잘 보낸 시간의 보상이고, 불행은 잘못 보낸 시간의 보복이다.' 많은 사람들이 열심히 살아왔지만 정말로 중요한 본질을 잃어버리고 분주하게 앞만 보고 달려왔다. 조각가에게 물었다. "당신은 어떻게 이렇게 놀라운 작품을 만들었습니까?" 조각가가 대답했다. "대리석에서 필요 없는 부분을 떼어냈더니 이런 작품이 되었습니다." 하프타임은 결국 더 중요한 것을 찾아 그렇지 않은 것을 버리고 본질을 찾는 것이다.

이처럼 인생의 하프타임을 통해 본질을 찾은 사람들은 희망을 발견하고 새로운 일에 도전한다. A 씨는 중견기업 CEO를 그만두고 빵을 굽고 책을 파는 북 카페를 차렸다. 또 다른 S 씨는 65세 정년이 보장된 대학 박물관 학예실장을 반납하고 생명과 평화를 중심에 둔 시민단체 결성에 앞장섰다. 진정한 하프타임을 경험한 사람은 후반전이 강하다. 임마누엘 칸트는 자신의 대표작인 '비판 3부작'의 첫 책 『순수이성비판』을 발표한 나이는 57세였다. 뒤늦게 미군에 입대한 뒤 공부를 시작한 서진규 씨, 그녀는 58세에 하버드대학교에서 박사학위를 받았다. 피카소는 92세까지 그림을 그렸고, 모네는 80세 이후에도 하루에 12시간씩 그림을 그렸다.

이처럼 후반전을 시작한 사람들은 하프타임에 첫째로 '정체성'을 발견했다. 내가 누구인지 알아야 어떤 삶을 살아갈지 알 수 있다는 것이다. 그리고 두 번째로 '우리 인생이 어떤 방향을 향해 가는 것인가.'를 질문한다. 세 번째는 '본질의 회복'을 하는 것이다. 본질을 찾았다면 집중의 원리를 적용해야 한다. 이 집중이라는 것은 무엇인가를 하기 위한 가장 근본이 되는 것이다. 목표를 정했을 때, 집중이라는 것이 없다면 성취하기 어렵다. 집중의 원리는 목표를 향해 모든 노력을 집중하는 것이다. 후반전은 집중해야 한다. 그 이유는 시간이 많지 않기 때문이다. 자기 속도로 가고, 원칙을 따르며, 시간을 당신 편으로 만들어라. 하프타임을 잘 가진 사람들은 전반전도 잘 뛰었지만 후반전 또한 승리할 수 있을 것이다.

16만 시간의 기적

·하프타임의 유형분석·

1. 지속성장형

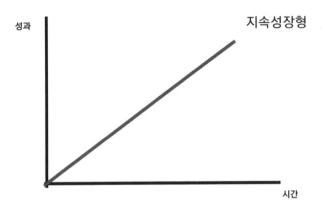

2. 도약형

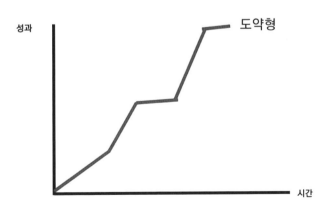

3. 탈진형

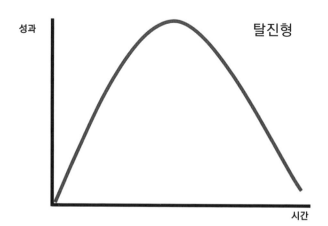

성과

탈진형

시간

4. 정체형

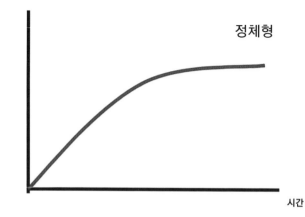

정체형

시간

16만 시간의 기적

5. 좌절형

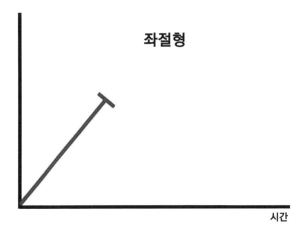

좌절형

시간

6. 변화거부형

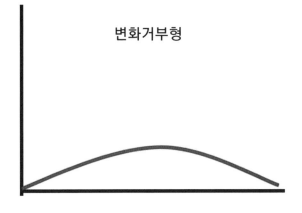

변화거부형

16만 시간의 기적

경기는 끝나지 않았다

은 퇴 후 인생후반전 설계부터 실행까지

HALFTIME

어제는 역사,
내일은 비밀 그리고 오늘은 선물

　　베이비부머들이 살아온 지난 50여 년의 세월은 '대한민국 현대사' 그 자체라 해도 과언이 아니다. 유년기에 '빈곤의 시대'를 거쳐, 청년기에 '혼란의 시기'를 경험했고, 중년의 시기에 '민주화 시대'를 맞이했으며, 장년기에 'IMF 외환위기'를 겪었다. 많은 사람들이 성공을 향해 앞만 보고 달리다가 막상 성공이라는 자리에 오른 후 자신을 돌아보면 성공한 것 같지만 결국 너무나 많은 것을 잃고 마는 상처뿐인 승리를 경험한 것이다. 그리고 퇴직이라는 두 글자 앞에 서면 과연 내 인생에 희망은 있는 것인지 되묻게 된다.

　　고대 그리스 에피루스 왕은 로마군과 전투를 했다. 그 전쟁은 결국 병력의 3/4를 잃고 에피루스의 승리로 끝났다. 부하들이 승리에 열광하자 왕은 "이런 승리를 한 번 더 거두었다간 우리는 망하고 말 것이다." 결국 승리는 했지만 '상처뿐인 승리(Pyrrhic Victory)' 라는 말이다. 이처럼 지금의 베이비부머들은 빠르게 쌓아 올린 성공은 무너져 내리는 것도 시간문제일 수 있다는 상대적 박탈감을 느낀다.

그러나 전반전을 힘겹게 뛴 우리에게 희망이 있다. 바로 '오늘'이라는 선물이다.

'현재'라는 단어는 'Present'이다. 이 단어는 현재라는 의미도 있지만 '선물'이라는 단어로도 해석할 수 있다. 다시 말해 '현재의 시간은 선물이다.' 현재의 선물로 주어진 시간을 어떻게 사용하는가에 따라 얼마든지 멋진 후반전을 살 수 있다. 세상에서 가장 중요한 3가지 '금'이 있다. 소금, 황금 그리고 지금이다. 지금 희망을 갖고 새롭게 후반전을 출발하면 된다.

노신은 말했다. "희망이란 본래 있다고도 할 수 없고 없다고도 할 수 없다. 그것은 마치 땅 위의 길과 같은 것이다. 본래 땅위에는 길이 없었다. 걸어가는 사람이 많아지면 그것이 곧 길이 되는 것이다." 그렇다. 인생의 희망은 마치 땅 위의 길과 같아서 내가 걸으면서 그 길을 만들어가는 것이다. 하프타임을 잘 가진 사람은 '시간'이라는 자본을 잘 사용한다. 그 이유는 목표가 뚜렷하고, 그 목표를 이루려는 의지가 강렬하기 때문이다. 시간은 누구에게나 공평하게 주어진 자본금이라고 할 수 있다. 이 자본을 잘 이용한 사람에겐 인생의 승리가 있다.

16만 시간의 기적

아직 실망하거나 자포자기만 하기에는 시간이라는 '선물'이 우리 앞에 있다. 이제 용기를 내서 내일이라는 시간을 향해 발걸음을 옮겨야 한다. 영화 「대부」의 명배우 알 파치노는 우연히 들은 노래 가사에서 재기의 힘을 얻는다. 배우로서 전성기이던 40대 중반, 그는 한 영화의 흥행 참패로 실의에 젖어 알코올 중독에 빠져든다. 그러던 어느 날 우연히 그는 프랭크 시내트가 부른 「마이 웨이」 노래를 듣게 된다. "난 내가 해야 할 일을 했고, 예외 없이 끝까지 해냈지. 그리고 그보다 뜻깊은 건 난 항상 내 방식대로 살았다는 거야(I did what I had to do, And saw it through without exemption, And more, much more than this I did it my way)." 알 파치노는 갑자기 이 대목을 듣는 순간 그는 '내 길을 가야겠다.'는 생각을 갖게 된다. 그리고 긴 악몽의 터널에서 벗어나 본래의 자기의 길을 찾아갔다. 윈스턴 처칠은 말하기를 "모두에게 전성기가 있지만 어떤 이들의 전성기는 다른 이들보다 더 길다."라고 했다. 전반전의 실패로 침체에 빠지지 말고 멋진 후반전을 기대하라.

"

당신의 인생을 낭비하게 하는 것들

• • • • • •

1. 하지 말아야 할 일에 너무 많은 시간을 쓴다.

2. 불평이 많다.

3. 마음의 양식을 섭취하지 않는다.

4. 자신에 대해 부정적인 말을 한다.

5. 열정이 없다.

6. 미래를 계획하지 않는다.

7. 당신의 발전에 도움 되지 않는 사람들과 시간을 갖는다.

"

■ 나의 자서전

구분	보람 · 성공 · 기쁨	실망 · 실패 · 슬픔	비고
10대			
20대			
30대			
40대			
50대			
60대			
70대			

은퇴는 나를 위한
또 다른 인생

은퇴는 끝이 아닌, 후반전이라는 새로운 시작을 알리는 휘슬 소리다. 미국에서 오랫동안 생활하다가 오신 분이 말하기를 "한국에 돌아와 조찬모임 같은 데 가보면, 장관이나 대사를 했던 분들이 '무직' 상태로 앉아있어요." 55세만 되면 유능한 사람도 '무직'이 돼버리는 게 한국 현실이라는 말을 했다. 그의 말을 들으면서 대부분의 사람들은 인생의 전반전에는 나름대로의 역할이 있는데, 후반전에는 자신의 역할을 찾지 못하는 것 같다는 생각을 했다. 그래서 어떤 베이비부머는 자신의 상황에 대해서 '운전면허를 처음 받은 날 무작정 차를 몰고 시청 앞까지 나와버린 초보 운전자의 신세와 같다.'고 표현한다. 어쩌면 이와 같이 난감하고 당황스러운 상황이 후반전일지 모른다. 그러나 우리 앞에 펼쳐진 후반전 무대의 주인공은 바로 '나'다.

프랑스 저널리스트 출신의 올리비에도 은퇴 직전의 심정을 '점점 침몰하는 배에 앉아있는 듯했다.'고 표현했다. 그의 심적 독백은 온 열정을 다 바친 회사에서 퇴직 통보를 받은 은퇴세대의 상실감과 허무함을 잘 보여준다. 그러나 그는 은퇴 후 62세에 도보로 실크로드를 횡단했다. 은퇴가 끝이 아니라 인생의 가장 풍요로운 시기임을 발견한 것이다. 그는 인생의 의미와 가치를 부여할 수 있는 일을 찾아 신나고 흥분되는 후반전 인생을 산 것이다.

하프타임 인생지도

20대
사회적 활동을 위한 준비와 기반을 닦는 시기이다. 20대까지 준비하고 선택한 전공이 대부분은 은퇴시까지 이어진다.

10대
사회는 끊임없이 사회구성원들을 생산한다. 10대 때 개발된 기질과 재능은 사회적 활동이 시작되면서 활발하게 그 능력을 발휘한다.

70대
평균수명이 길어졌지만 노후에 확실한 삶이 보장되지 않아 불안한 생활을 하고 있다.

30대
인생에서 가장 왕성하게 활동하는 30대. 그러나 지금 30대들의 삶은 체감 정년이 38세라는 38선의 장벽에 가로막혀 있다. 아이들이 크면서 지출은 늘어나는데 직장은 불안하다.

60대
예전에는 많은 남자들이 50대를 무난히 넘기고 60대에 안정적인 은퇴생활을 영위할 수 있었다. 그러나 지금은 조직 내에서 60대까지 버틸 수 있는 사람은 거의 드물다.

40대
예전에는 대부분 40대 중반에 확고한 위치를 차지하였다. 40대는 인생의 절정기이지만, 퇴직의 압력과 싸우는 시기이다. 머리가 빠지고, 시력이 저하하면서 이제는 모든 것이 내 뜻대로 될 수 없다는 자기 통제력의 상실을 경험한다.

50대
대부분의 사람들이 50대에 사회적 은퇴를 하게 된다. 은퇴 이후 뒤늦은 창업이나 새 출발을 시도해보지만 연령의 벽으로 인해 대다수가 실패를 맛본다. 새로운 일을 위해서 방황한다.

16만 시간의 기적

인생의 라이프그래프를 통해 자신을 보자. 20대에 출세를 위해 앞만 보고 달려왔고, 30대에 자신의 분야에서 어느 정도 기반을 잡았다면, 40대에는 치열한 전투 뒤 몰려오는 피로감이나 허탈감을 느끼며, 인생의 의미에 대한 질문이 시작된다. 그리고 내가 누구인지, 그리고 어디로 가고 있는지 많은 생각을 하게 된다. 사람들은 이런 시기를 '사추기(思秋期)'라고 부른다.

즉, 중년에 있는 사람들은 이제 막 전반전을 끝내고 더 나은 후반전을 위해 숨 고르기를 시작한 하프타임의 휴식자라는 뜻이다. 대부분 중년은 치열한 전투를 끝낸 뒤 몰려오는 피로감과 성공 후의 허탈감을 경험한다. 이러한 인생의 변곡점에 선 당신은 제2 전성기를 위한 또 다른 출발선에 선 것이다.

리스트를 작성하고 실행에 옮기는 내용의 영화 「버킷 리스트」가 개봉되면서 일반인에게 '버킷 리스트'가 유행하게 되었는데, 죽음을 뜻하는 영어 '킥 더 버킷(Kick the bucket)'에서 유래한 말로 죽기 전에 하고 싶은 일의 목록을 뜻한다. 영화의 두 주인공은 남은 자신의 시간을 리스트를 만들어 실행에 옮긴다. 비로소 자신의 무대에 진정한 주인공이 된 것이다. 당신도 당신의 꿈을 적어보기 바란다. 철학자 사르트르는 "인생은 B와 D 사이의 C이다."라고 했다. 즉, B=Birth(탄생), D=Death(죽음), C=Choice(선택)을 뜻한다. 정리하면, "인생은 탄생과 죽음 사이의 선택이다." 인생전반전의 삶은 나의 선택에 의해서 이루어진 것이 아닐 수 있다. 그러나 인생의 후반전 무대는 내가 주인공이다. 자신의 인생후반전 목표와 사명을 확실히 알게 되었을 때 우리는 비로소 행복해진다.

　이제 새로 시작하는 인생후반전은 자신을 타인의 삶과 결코 비교할 필요가 없다.

　마치 오렌지와 사과를 비교하듯이 불필요하게 자신과 타인을 비교해 마치 자신의 능력이 부족한 사람인 것처럼 생각하지 말아야 한다. 크든 작든 간에 자신의 승리를 축하하고 자신의 힘을 인식한 후 그것을 키우도록 노력하면 된다. 우리는 지금 내 인생의 무대에 홀로 서있다. 이를테면 모든 것을 혼자서 감당해야 하는 모노드라마의 주인공인 셈이다. 전반부는 다른 사람이 이미 대본에 만들어놓은 그런 시나리오일 수 있다. 주요 줄거리는 승진과 자녀, 주택대출금 상환, 이직, 재산형성과정과 현재의 순 자산, 그리고 가족에 대한 헌신 등과 관련된 내용일 것이다. 그러나 후반전을 위한 하프타임에 자신의 인생사명을 발견하고 액션플랜을 한다면 비행기가 자동항법장치를 가동시킨 것처럼 후반전 인생을 살아가도록 당신을 이끌어갈 것이다.

최고의 인생을 만드는 B.E.S.T 법칙

......

1. 'B'는 균형(Balance)을 의미한다.

2. 'E'는 열정(Enthusiasm)이다.

3. 'S'는 집중력(Single-mindedness)을 뜻한다.

4. 'T'는 끈기(Tenacity)이다.

가슴 뛰게 하는 일을
시작하라

마틴 허켄스는 30여 년 빵을 굽다가 50대 중반에 직장에서 실직당해 실의에 빠졌지만, 언제나 가슴 뛰게 했던 어릴 때 꿈인 성악가가 되어 자주 거리에 나가서 노래를 부르며 실직의 어려움을 달랬다. 그런 아버지를 위로하기 위해 그의 막내딸이 「Holland's Got Talent(2010)」라는 방송국 오디션 프로그램에 아버지 이름으로 몰래 출전 신청을 했다. 그 후 오디션에서 우승함으로 인생의 반전이 그에게 일어났다. 인생의 16만 시간에 당신은 늘 꿈꿀 수 있고 때론 그 꿈이 이루어진다. 포기하지 않으면 분명히 기회는 온다. 그러나 우리의 문제는 너무 빨리 포기하는 것이다.

나이에는 세 종류의 나이가 있다. 단순히 출생연도로 따진 연대기적 나이, 그리고 신체적 상태를 기준으로 따진 생물학적 나이, 마지막으로 마음먹기에 달린 심리적 나이다. 과연 당신은 어떤 나이를 생각하며 살아가고 인생후반전을 위해 도전하고 있는가? 더글러스 맥아더(Douglas MacArthur)는 말했다. "젊음이란 어떤 기간을 말하는 것이 아니다. 그것은 마음의 상태요, 의지의 결과며, 상상력의 정도에 따라 결정한다. 일정기간을 살았다고 해서 늙어가는 것이 아니라, 자신의 이상을 포기했을 때 늙어버린다." 이제 인생의 16만 시간은 좀 더 의미 있는 일에 도전해야 한다. 그리고 그것에 희망을 가지고 포기하지 않고 실행하면 후반전은 반드시 꿈은 현실이 될 수 있다.

"쉬면 늙는다(If I rest, I rust)."는 말이 있다. "마음이 청춘이면 몸도 청춘이 된다." 인간은 움직이지 않으면 쉽게 노화된다. 인간의 수명이 얼마나 되는가 하는 논의는 예로부터 있어왔다. 통계청에서도 현재 65세를 넘은 사람의 평균 수명이 91세라고 발표한 것을 보면, 인생 70세는 옛말이고, 인생 100세 시대가 온 것만은 분명해 보인다. 요즘은 또 '인생 100년 사계절 설(說)'을 이야기하는 사람들이 많다. 25세까지가 '봄', 50세까지가 '여름', 75세까지가 '가을', 100세까지가 '겨울'이라는 것이다. 이에 따른다면 70세는 단풍이 가장 아름다운 만추쯤 되는 것이며, 80세는 초겨울에 접어든 셈이 되는 것이다. 서양에서는 대체로 노인의 기준을 75세로 본다. 그들은 65~75세까지를 'Young old' 또는 'Active retirement(활동적 은퇴기)'라고 부른다. 사회 활동을 하기에 충분한 연령이라는 것이다.

그러나 이러한 육체적 연령보다도 더 중요한 것이 정신적인 젊음일 것이다. 유대계 미국 시인인 사무엘 울만은 일찍이 그의 유명한 시 「청춘(Youth)」에서 이렇게 노래했다. "청춘이란 인생의 어떤 기간이 아니라 마음의 상태를 말한다. 때로는 20세 청년보다도 70세 노년에게 청춘이 있다. 나이를 더해가는 것만으로 사람은 늙지 않는다. 이상과 열정을 잃어버릴 때 비로소 늙는다." 96세로 타계한 세계적인 경영학자 피터 드러커는 타계 직전까지 강연과 집필을 계속했다. 그는 "인간은 호기심을 잃는 순간 늙는다."는 유명한 말을 했다.

이제 자신에 대한 스토리를 전달하고 주저함이 없이 자신 있게 표현할 수 있기 위해서는 가슴 뛰는 일을 하고, 일과 삶의 균형을 잡는 것이 필요하다. 인생은 경주가 아니라 여행이기에 우리의 후반전은 더 멋지게 뛸 수 있다.

"

이건희 회장 하프타임 교훈
. . . . . .

나의 편지를 읽는 아직은 건강한 그대들에게

아프지 않아도 해마다 건강 검진을 받아보고,

목마르지 않아도 물을 많이 마시며,

괴로운 일이 있어도 훌훌 털어버리는 법을 배우며,

양보하고 베푸는 삶도 나쁘지 않으니 그리 한번 살아보세요.

(중략)

내가 여기까지 와보니 돈이 무슨 소용이 있는가요?

무한한 재물의 추구는 나를 그저

탐욕스러운 늙은이로 만들어 버렸어요.

내가 죽으면 나의 호화로운 별장은 내가 아닌 누군가가 살게 되겠지,

내가 죽으면 나의 고급스러운 차 열쇠는 누군가의 손에 넘어가겠지요.

내가 한때 당연한 것으로 알고 누렸던 많은 것들….

돈, 권력, 직위가 이제는 그저 쓰레기에 불과할 뿐….

그러니 전반전을 살아가는 사람들이여!

너무 총망히 살지들 말고,

후반전에서 살고 있는 사람들아!

아직 경기는 끝나지 않았으니 행복한 만년을 위해,

지금부터라도 자신을 사랑해 보세요.

전반전에서 빛나는 승리를 거두었던 나는,

후반전은 병마를 이기지 못하고 패배로 마무리 짓지만,

그래도 이 편지를 그대들에게 전할 수 있음에 따뜻한 기쁨을 느낍니다.

바쁘게 세상을 살아가는 분들….

자신을 사랑하고 돌보며 살아가기를….

힘없는 나는 이제 마음으로 그대들의 행운을 빌어줄 뿐이요!

-이건희-

99

진단 프로그램

■ Career Anchors

Edgar H. Shein 박사에 의해 연구, 개발된 것으로 이 질문지의 목적은 당신의 능력의
범주, 동기 그리고 가치관 등에 관한 사고를 활성화 시키는 데 있습니다.

ANCHOR의 의미 = 배의 닻
CAREER ANCHORS는 능력의 범주 / 기술·자질 / 동기·가치 등 3가지 요소의 조합
이다.

· 작성 요령

가능한 정직하고 신속히 답하십시오. 어떤 항목에서 '이것 아니면 저것'과 같은 확실
한 선택을 할 수 있는 경우를 제외하곤 가급적 극단적인 선택을 자제하십시오.

· 설문내용의 등급

다음 40개의 항목들에 대해서 각 항목이 일반적으로 얼마나 당신에게 맞는지 1에서
부터 6까지 등급을 매기십시오. 숫자가 높을수록 그 항목이 당신의 경우와 더 가깝습
니다. 예를 들면, "나는 내 사업을 꿈꾼다"라는 항목에 대해 당신은 다음과 같이 등
급을 매길 수 있습니다.

"1"	그 내용이 결코 당신에게 적합하지 않다.
"2" 또는 "3"	그 내용이 이따금 당신에게 적합하다.
"4" 또는 "5"	그 내용이 자주 당신에게 적합하다.
"6"	그 내용이 항상 당신에게 적합하다.

다음 장으로 넘겨서 각 항목의 오른쪽 부분의 빈칸에 해당 등급을 기입하십시오.

※ 다음의 등급을 사용하여 각 항목이 당신에게 얼마나 적합한 지 체크하십시오.

번호	항목	등급
1	나는 전문가로서 자신의 전문성을 가지고 남에게 조언을 해줄 수 있기를 꿈꾼다	
2	나는 다른 사람들을 통솔하는 리더로서 일 할 수 있을 때 성취감을 만끽한다	
3	나는 내 방식과 스케줄에 따라 일 할 수 있는 충분한 재량권이 있는 일자리를 꿈꾼다	
4	나에게 업무의 보장과 안정성은 자유와 자율보다 더 중요하다	
5	나는 언제나 내 사업을 착수하기 위한 구상을 한다	
6	나는 사회에 실질적인 기여를 했다고 느낄 때만이, 내 일에서 성공했다고 느낀다	
7	나는 대단히 힘든 문제를 해결할 수 있고, 그러한 상황에서 성취감을 얻을 수 있는 도전적인 직업을 꿈꾼다	
8	나는 개인적 일이나 가족과 관련된 일에 지장을 초래하는 업무를 맡게 되면 그 일을 그만 두겠다	
9	나는 기술적이고 기능적인 나의 능력을 최고의 수준으로 올려 놓아야만 성공했다고 느낄 것이다	
10	나는 방대한 조직의 책임자가 되어 많은 사람들에게 영향력을 행사하는 결정을 내리는 일을 꿈꾼다	

성공추구에서
의미추구로

    당신이 아침에 눈을 뜰 때 하루가 기대가 되는가? 아니면 무엇을 해야 할지 몰라 어려워지는가? 어떤 사람은 "매일 아침 눈을 뜨면 가슴이 설렌다."라고 말한다. 그 이유는 오늘도 내가 살아가야 할 목표와 희망이 있기 때문이다. 사람들은 젊은 시절엔 돈과 명예, 지위를 쫓는 삶을 경쟁적으로 산다. 그러나 돈을 벌고 명예와 지위를 얻으면 인생이 만족스러울까? 그렇지 않다. 욕망은 또 다른 욕망을 부를 뿐이다. 그래서 인생의 전반전이 '돈과 성공'을 쫓는 삶이었다면, 후반전은 '인생의 참다운 의미'를 찾는 삶이 돼야 한다. 그래서 하프타임은 인생의 본질을 찾는 시간이며 성공추구에서 의미추구로의 전환을 가져와야 할 때이다.

    대다수의 베이비부머들은 경쟁에 시달리고 지나온 날을 되돌아볼 여유조차 없이 바쁘게 앞만 보고 정신없이 살아왔다. 그래서 가속도가 붙어 멈출 수도 없는 상태로 '성공'이라는 목표를 위해 분주히 일하며 가족을 위해 자신의 전부를 건 희생도 마다하지 않았다. 그러나 어느 날 문득 고단한 삶 가운데 중년이라는 나이와 마주하게 되고 그제야 눈 질끈 감고 앞만 보고 달려온 자신의 인생전반전에 회의를 느끼게 된다.

인생보다 치열한 경기는 없다는 말이 있다. 그래서 많은 사람들이 지금까지 달려온 곳을 뒤돌아본다. 그리고 스스로 이런 질문을 해본다. '오직 앞만 보고 허겁지겁 달려오지 않았는지?', '내가 너무 성공만을 위해 달려와서 얻은 것도 있지만 잃은 것은 없는지?', '그동안 바쁘게만 살아가며 분주함과 치열함을 혼동하고 있지는 않았는지?' 이제 숨을 고른 후 천천히 뒤를 돌아볼 시간이다. 이룰 수 없었던 자신의 꿈을 퇴직 이후 결국 꿈을 이루는 사람도 적지 않다. 그래서 인생전반전이 성공적인 삶이었다면 그런 성취를 바탕으로 사회에 봉사하는 것으로 인생후반전을 시작할 수도 있다.

몇 년 전 은퇴를 얼마 남겨놓지 않은 분을 만났다. 그는 대학에서 사무직으로 30년 이상을 직장생활 하다가 은퇴 후 무엇에 남은 생애를 보람 있게 보낼 것인지 고민하고 있었다. 그에게 그동안 학교에서 규칙적인 생활을 하다가 퇴직 후 시간이 많아졌을 때 무엇을 하고 싶은지를 질문했다. 그리고 그가 가장 잘하고 좋아하는 일이 무엇인지 물었다. 자신은 산을 좋아하고 식물과 동물에 관심이 많다고 했다. 결국 그는 퇴직 후 숲 해설가로 자신이 가장 좋아하는 일을 하면서 보람도 얻고 수입도 얻는 삶을 살고 있다. 그는 숲속의 길을 거닐며 마음의 평안을 얻고 자연의 언어를 전하는 숲 해설가가 후반전 인생에 제격인 것이다. 숲 해설가의 주 업무는 휴양림을 찾은 시민들에게 숲의 생태와 동식물의 특징에 대해 알려주는 것이다. 그는 아침이 즐겁고 설렌다고 말했다.

은퇴 후 자원봉사와 창업 등 자신이 그동안 평소에 꿈꾸어왔던 일을 시작할 때 우리는 삶에 희망이 생긴다. 은퇴 후 외로움의 특효약은 무엇일까? 사회적 유대감을 증가시키는 것이다. 대표적인 것이 타인에 대한 배려이다. '봉사자의 희열'이란 다른 사람을 도울 때 느끼는 만족감을 말한다. 대단한 봉사가 아니라 낯선 사람에게 하는 사소한 친절과 배려도 우리 뇌는 강한 사회적 유대감을 느낀다. 자원봉사를 한 후 삶의 의미를 찾고 행복해할 뿐만 아니라 생리적 반응까지 긍정적으로 바뀌었다는 연구도 있다. 몸과 마음이 다 건강해진 것이다.

P 씨는 자신의 전직을 활용해서 은퇴 후 자원봉사로 보람 있는 후반전을 뛰고 있는데 KOICA(한국국제협력단) 자원봉사자로 해외에 파견 나가 현지에 수출업무를 관리하는 방법을 가르쳤다. 또한 국내에서는 한 달에 세 번 정도 지역 센터에 나가 관람객들을 안내하는 자원봉사를 하고 있다. 최근에는 사회복지관에서 운영

하는 실버반 조교로 활동 중이며 그 속에서 나름대로의 보람 있는 인생의 16만 시간 후반전 인생을 살고 있다.

또 다른 대기업의 임원이었던 H 씨는 사재를 털어 다문화 청소년재단을 만들고 "지금까지의 삶은 남들로부터 받은 삶이니 이제부터는 조금이라도 남들에게 베푸는 삶을 살고 싶다."라고 말하면서 자신이 경험한 전문성을 살려 인생후반전의 주제인 나눔을 실천하며 보람 있게 살고 있다. 소설가 박완서의 "못 가본 길이 더 아름답다."라는 말이 있는 것처럼 우리 앞에는 아직도 한 번도 가보지 못한 길이 펼쳐져 있다. 이 길을 설레는 마음으로 날마다 걷게 되기를 바란다.

"
스티브 잡스의 마지막 편지
. . . . . .

"나는 사업에서 성공의 최정점에 도달했었다. 다른 사람들 눈에는 내 삶이 성공의 전형으로 보일 것이다. 그러나 나는 일을 떠나서는 기쁨이라고 거의 느끼지 못한다. 결과적으로 부자라는 것은 내게는 그저 익숙한 삶의 일부일 뿐이다. 지금 이 순간에 병석에 누워 나의 지난 삶을 회상해보면 내가 그토록 자랑스럽게 여겼던 주위의 갈채와 막대한 부는 임박한 죽음 앞에서 그 빛을 잃고 그 의미도 다 상실했다. 어두운 방안에서 생명 보조 장치에서 나오는 큰 빛을 물끄러미 바라보며 낮게 웅웅거리는 그 기계 소리를 듣고 있노라면 죽음의 사자 손길이 점점 가까이 다가오는 것을 느낀다.

이제야 깨닫는 것은 평생 굶지 않을 정도의 부만 축적되면 더 이상 돈 버는 일과 상관없는 다른 일에 관심을 가져야 한다는 사실이다. 그건 돈 버는 일보다 더 중요한 뭔가가 되어야 한다.

그건 인간관계가 될 수도 있고 예술일 수도 있으며 어린 시절부터 가졌던 꿈일 수도 있다. 쉬지 않고 돈 버는 일에만 몰두하다 보면 결과적으로 비뚤어진 인간이 될 수밖에 없다. 바로 나같이 말이다. 부에 의해 조성된 형상과는 달리 신께서는 우리가 사랑을 느낄 수 있도록 감성이라는 것을 모두의 마음속에 넣어주셨다. 평생에 내가 벌어들인 재산은 가져갈 도리가 없다. 내가 가져갈 수 있는 것이 있다면 오직 사랑으로 점철된 추억뿐이다. 그것이 진정한 부이며 그것은 우리를 따라오고 동요하며 우리가 나아갈 힘과 빛을 가져다줄 것이다. 사랑은 수천 마일 떨어져 있더라도 전할 수 있다. 삶에는 한계가 없다. 가고 싶은 곳이 있으면 가라. 오르고 싶은 높은 곳이 있으면 올라가보라. 모든 것은 우리가 마음먹기에 달렸고 우리의 결단 속에 있다. 어떤 것이 세상에서 가장 힘든 것일까? 그건 병석이다.

우리는 운전수를 고용하여 우리 차를 운전하게 할 수도 있고 직원을 고용하여 우리 위해 돈을 벌게 할 수도 있지만 고용을 하더라도 다른 사람에게 병을 대신 앓도록 시킬 수는 없다. 물질은 잃어버리더라도 되찾을 수 있지만 절대 되찾을 수 없는 것이 하나 있으니 바라는 삶이다. 누구라도 수술실에 들어갈 즈음이면 진작 읽지 못해 후회하는 책 한 권이 있는데 이름하여 건강한 삶 지침서이다. 현재 당신이 인생의 어떤 시점에 이르렀든지 상관없이 때가 되면 누구나 인생이란 무대의 막이 내리는 날을 맞게 되어 있다. 가족을 위한 사랑과 부부간의 사랑, 그리고 이웃을 향한 사랑을 귀히 여겨라. 자신을 잘 돌보기 바란다. 이웃을 사랑하라."

-스티브 잡스-

스티브 잡스(1955~2011)가 췌장암으로 병상에 누워

자신의 과거를 회상하며 마지막으로 남겼던 글

,,

자신의 타고난 숙련된 기술

능숙도, 선호도

진단프로그램 _ Motivated Skills Overview

Skill 이란 경쟁력 있는 방법으로 일을 수행하는 능력, 어떤 행위에 있어 능숙해지는 것을 의미합니다. 이러한 기술은 타고난 숙련된 기술, 자기관리 기술, 그리고 전문 기술로 나눌 수 있는데, 타고난 숙련된 기술은 어린 시절부터 나타나는 경향으로 개성을 나타낼 수 있는 기술을 말하며, 자기관리 기술은 개성적인 특징, 다양한 환경에서 스스로를 다룰 수 있는 기술을, 전문 기술은 교육과 훈련을 통해 얻은 기술적이며 전문화된 지식과 능력에 관한 기술을 의미합니다.

이 중에서 자신에게 있어서 강점이 될 수 있는 기술을 부각시켜 자신이 희망하는 경력목표를 파악하기 위해서는 타고난 숙련된 기술을 알아야 합니다.

이번 진단을 통해 '자신의 타고난 숙련된 기술'을 확인하고 활용할 방법을 생각해봅니다.

Motivated Skill 분석을 통해 타고난 기술들에 대한 능숙도와 선호도를 파악할 수 있습니다. 자신의 경력관리를 위해 개발하고 증진시켜야 할 기술, 최소화해야 할 기술이 무엇인가를 알아보고 경력 방향을 설정하는데 도움을 받을 수 있습니다.

성취동기기술(Motivated Skill)분석

성취동기 기술 분석을 통하여 자신이 능숙하게 실행할 수 있는 기술 및 좋아하는 기술에 대하여 확인해 보도록 하겠습니다.

능숙도

①	②	③
아주 능숙하지 못한	능숙한	대단히 능숙한

선호도

①	②	③	④	⑤
매우 싫어한다.	안 했으면 한다.	보통이다.	좋아한다.	매우 좋아한다.

▅▅▅ HALFTIME BUILDERS

늦게 피는 꽃이
더 눈부시다

"늦게 피는 꽃은 늦게 진다."는 말이 있다. 또한 "늦게 피는 꽃은 있어도 피지 않는 꽃은 없다."는 말도 있다. 이렇듯 다른 사람들에 비해 늦게 꿈을 이룬 대기만성형의 사람을 '레이트 블루머(Late Bloomer)'라고 한다. 미국의 샤갈이라고 불리던 해리 리버맨(Harry Liberman)은 은퇴한 70대에 체스를 두던 노년의 삶에서 우연히 한 사람의 권유로 그림을 그리기 시작했고, 그 후 30년을 '늦게 핀 꽃'으로서의 삶을 살아가게 된다.

알버트 아인슈타인(Albert Einstein)은 "인생은 피아노와 같다. 당신이 얻고자 하는 것은 그것을 어떻게 연주하느냐에 달려 있다."고 말했다. 이탈리아 한 연구에 의하면 성공한 사람들은 목적의식을 갖고 살아간다고 했다. 스스로를 외딴 섬에 고립시키기보다 가족이나 친구 등과 연대감을 느끼며 살아야 하고 하루하루를 무

80

의미하게 보내기보다는 목표를 세우고 무엇을 달성하겠다는 목적 의식을 갖고 살아갈 때 의미 있는 후반전을 살게 된다는 것이다.

인생은 100m 단거리가 아닌 마라톤이다. 「늦게 잘 되는 사람들에게서 배울 수 있는 것」이라는 글에서 세상에는 '늦게 피는 사람들'이 있다. 젊은 날 결코 자신의 노력이 그보다 모자라지 않는 주위 동료와 친구들이 활약하는 것을 지켜봐야 하는 것은 몹시 힘든 일이다. 그러나 늦게 피어나는 사람들은 현실의 벽에 더 많이 부딪히고 더 많은 시험을 거치면서 자신에 대해 더 깊이 이해하게 된다. 그리고 그런 과정을 거쳐 손에 넣은 성공은 더 오래 지속된다.

정신의학자 칼 메닝거 박사는 "태도가 사실을 결정한다."라고 말했다. 행복한 사실이든 불행한 결과이든 그 사실이 생기기 전에 이미 나의 태도가 그런 결과를 결정짓고 있었다는 뜻이다. 당신 인생의 16만 시간 후반전에는 무엇에 희망과 가치를 두고 시작할 것인가? 갖고 싶은 것을 위해 살고, 그것을 지키기 위해 살고, 남기기 위해 살아가는 인생은 물음표투성이일 수밖에 없다. 남은 인생 동안 나는 무엇을 하고 어디에 나의 인생의 승부수를 걸 것인가?

C 씨는 대기업에서 정년 7년을 앞두고 자발적 은퇴를 선포했다. 그는 자신의 은퇴를 '인생 퇴직'이 아니라 '직장 퇴직'이었다고

말한다. 그는 쉰 이후엔 하고 싶은 일을 하며 살기로 마음먹었다. 그리고 잘 나가던 자리를 미련 없이 던지고 나왔다. 그리고 내 삶의 가장 행복한 순간을 마음껏 즐기고 있다고 말한다.

K 씨의 경우는 30대에 접어들면서 퇴직 후 어떻게 살지 고민하기 시작했다. 얼추 75세까지 산다고 가정하고 인생을 25세, 50세, 75세까지로 나눴다. 25세까지는 나의 의지와는 무관하게 공부하는 시기, 50세까지는 자의 반 타의 반으로 일하며 사는 시기였다. 50세부터 75세까지 인생의 나머지 3분의 1은 내가 하고 싶은 것을 하면서 스스로 삶을 디자인하는 시기로 삼겠다고 마음먹었다. 그래서 은퇴 마지노선을 50세 전후로 잡았다. 이렇듯 많은 사람들이 자발적 퇴직과 은퇴를 통한 후반전 승부수를 던지는 모습을 종종 보게 된다.

"꿈을 향해 대담하게 나아가고 상상한 삶을 살기 위해 노력을 기울이면, 평범한 시기에 뜻밖의 성공을 접하게 될 것이다."라고 헨리 데이비드 소로는 말했다. 늦게 피는 꽃도 있다. 산수유는 봄이 오면 가장 먼저 피어나고 장미, 해바라기는 여름에 피어나고 국화, 코스모스는 가을에 만개를 하며 매화, 동백은 한겨울에 피어나 설중매를 자랑한다. 이제는 더 이상 60세 환갑을 기념하는 행사가 사라질 정도로 인간의 수명은 늘어난 시대를 살고 있다. 40대, 50대가 되어도 뭔가를 해놓은 것이 없다고 낙담할 필요는 없다. 늦게 피는 꽃도 있으니까.

16만 시간의 기적

늦게 피는 꽃

. . . . . .

김 마리아

봄이 왔다고 다

서둘러 꽃이 피나요?

늦게 피는 꽃도 있잖아요

(중략)

나도 느림보

늦게 피는 꽃이라면

자라날 시간을 주세요

조금만

조금만 더

기다려 주세요

철들 시간이 필요해요

조금 늦게 피면 어때!

괜찮아, 괜찮아, 괜찮아

"

과거의 나로부터 벗어나기 위한 시도를 하라

　후반전 인생 16만 시간을 위한 앙코르 라이프를 위해서는 2가지를 버려야 한다. 하나는 '고정관념'이며 다른 한 가지는 '편견'이다. 고정관념은 '고장 난 생각'이다. 그렇다면 편견은 무엇이라 정의할 수 있을까? 편견은 과거에서 벗어나지 못하게 만드는 열등감이다. 아프리카에서는 코끼리 새끼를 기둥에 묶어놓으면 벗어나기 위해 발버둥을 친다. 아무리 애써도 늘 제자리걸음인 것을 알게 된 코끼리는 체념을 하고 그 자리에만 머문다. 그러다 시간이 지나 몸이 커지고 기둥을 뽑을 정도로 힘이 세어진다. 그럼에도 불구하고 코끼리는 늘 그곳에서 맴돈다. '난 여기를 벗어날 수 없어.'라는 고정관념을 가진 채로 말이다. 이러한 고정관념에 사로잡혀 있다면 그러한 과거의 나로부터 벗어나기를 시도해야 한다.

　인생은 태어나서 죽기까지 매 순간 선택에 의해 결정되는데 미래를 위해 오늘 어떤 선택을 할 것인가를 결정해야 한다. 이루지 못한 것에 대한 집착으로 패배감이나 열등감을 느끼기보다는, 앞으로 해야 할 일에 대한 소망을 갖는 것이 성취감을 맛보는 데 도움이 된다. 미래를 위해 아직 사용되지 않은 능력과 잠재력을 찾아 개발하고 활용하는 지혜가 필요하다. 그렇게 함으로써 창의력을 극대화시킬 수 있음은 물론, 자신감과 긍정적 사고를 계속 유지할 때 후반전 인생으로 진입할 수 있다.

케임브리지대학교 생물학자이자 동물학자인 데이비드 베인브리지의 저서 『중년의 발견(Middle Age)』에서는 최근 과학 분야의 연구를 바탕으로 중년을 임의적으로 40~60세 사이로 정의했는데, 이 책은 마흔 무렵 찾아온 저자의 신체적 변화에 대한 고민에서 출발했다. 갑자기 희어지는 머리카락과 흐려지는 시력, 떨어지는 기억력을 걱정하던 그는 '이제 나는 인간으로서 생산적인 삶이 끝났는가?', '지금부터 나는 무엇을 위해 살아야 하는가?'라는 의문을 가졌고 자신의 과거를 돌아보기 시작했다.

심리학자 윌리엄 제임스는 인생 실패의 주원인을 '열등감'이라고 했다. "열등감 때문에 인간은 무한한 잠재 능력을 가지고 이 세상에 태어났으면서도 그 잠재 능력의 90%를 썩히게 된다."라고 말했다. 그러면서 "실수하는 것을 두려워하지 말라. 실수에 대한 두려움을 극복할 때, 당신 안에 숨겨져 있던 뛰어난 능력, 다양한 가능성, 자유로운 열정을 마음껏 펼칠 수 있게 된다."라고 말했다. 즉 실수를 해도 괜찮다는 마음가짐을 가질 때, 진정한 발전이 일어나게 된다는 것이다. "한쪽 문이 닫히면 다른 쪽 문이 열린다. 그러나 우리는 종종 닫힌 문을 너무나 오래 애석해하며 바라보기에 우리를 위해 열린 쪽 문을 보지 못한다."라고 헬렌 켈러는 말했다. 인생을 크고 길게 본다면 하나를 잃을 경우 하나를 얻게 되어 있으며, 행운과 불행은 동전의 양면과도 같다. 그러므로 우리는 어떤 일의 한 면만을 보고 기뻐하고 절망할 것이 아니라 뒤집어봐야 한다.

캐나다의 베스트셀러 작가 어니 젤린스키는 우리에게 『느리게 사는 즐거움』이라는 책으로 잘 알려져 있는데, 그는 걱정의 40%는 절대 현실로 일어나지 않는 것이며, 30%는 이미 일어난 일에 대한 것이고, 22%는 사소한 고민이며, 4%는 우리의 힘으로 어쩔 수 없는 일에 대한 것이며, 마지막 4%는 우리가 바꾸어놓을 수 있는 일에 대한 것이라고 말했다. 결국 우리는 바꿀 수 있는 4%의 걱정까지도 다른 96%의 걱정 때문에 바꿔놓지 못한다는 것이다. 그의 말을 곱씹어보면 걱정은 결국 쓸데없는 것임을 알 수 있다. 걱정은 일종의 습관이다. 하면 할수록 늘어나고 고치기는 어려워진다. 불필요한 걱정을 가지치기해야 한다. 그래야 해결 가능한 4%의 걱정에 집중하고 나은 미래를 꿈꿀 수 있다.

희망이 없으면 노력도 없다. 희망이 없는데, 노력할 사람이 어디 있겠는가. 노력하는 데는 다 그만한 이유가 있는 것이다.

"목표 없이 일하는 사람은 없다. 골인 지점 없이 달리는 마라토너도 없다. 희망을 먼저 갖자. 그러면 자연히 노력하는 사람이 될 것이다." 사무엘 존슨(Samuel Johnson)의 말이다. 결승점이 없는 끝없는 마라톤 같은 인생을 산다면 삶이 얼마나 지루하고 힘들겠는가? 그러나 나를 찾고 떠나는 인생의 16만 시간 인생후반전은 희망이 있는 멋진 길이 될 것이다.

"

성공을 가로막는 13가지 거짓말

• • • • • •

1. 하고 싶지만 시간이 없어서

시간은 충분하다. 천천히, 적게 생각하고 지금 여기에(Now & Here) 원칙에서, 한 번에 한 가지씩 전력투구하라.

2. 인력이 없어서 뭘 하지?

인맥은 '안 될 일'을 되게 하지는 못한다.
바라는 어떤 사람이 되려면, 그에 맞는 행동을 해야 한다.

3. 이 나이에 뭘 하지?

'하고 싶었던 일'을 하기에 너무 늦은 나이란 없다. 시작은 언제나 가능한 것이다. 에너지는 나에게 달려 있는 게 아니라 본성에 달려 있다.

4. 왜 나에겐 걱정거리만 생기지?

걱정한다는 것은 원하지 않는 것을 위해 기도하는 것이다. 걱정은 습관이다. 걱정할 때마다 어떠한 행동이든 한 가지를 하라.

5. 이런 것도 못하다니 난 실패자야

나에게 아무 결점도 없다는 것을 인정하는 데에는 굉장한 용기가 필요하다. 실패를 솔직하게 인정하는 것과 실패자라고 거짓말하는 것은 영혼의 의도와는 정반대이다.

6. 사실 난 용기가 없어

두려움은 프로그래밍 된다. 용기는 우리가 행동할 때 자신을 드러낸다. "보라구. 난 항상 너를 위해 준비하고 있었어. 여기 이렇게 있잖아. 나는 너의 진정한 파트너야."

7. 사람들은 날 화나게 해

화를 낼 때마다 자신에게 거짓말하고 있다는 사실을 인정해야 한다. 그리고 당신을 화나게 한 것은 상대방이 아니라, 당신의 생각이라는 사실을 이해해야 한다.

8. 오랜 습관이라 버리기 어려워

나쁜 습관을 버리기가 진짜 힘든 이유는 행동보다 자신에게 거짓말하기가 더 편하기 때문이다. "오래 묵은 습관일수록 바꾸기가 더 재미있다."

9. 그건 내가 할 수 있는 일이 아냐

당신이 고통스러운 이유는 단 한 가지, 고통을 선택하기 때문이다. 나를 움직이는 힘은 내 안에 있다. 세상은 변하지 않는다. 우리가 변할 뿐이다.

10. 맨정신으로 살 수 없는 세상이다

영혼이 너무 맑아 세상에 적응할 수 없다는 말은 거짓말이다. 맨정신으로 살지 못하는 이유는 오직 하나, 그것은 중독되었기 때문이다.

11. 가만히 있으면 중간이나 가지

만성적인 슬픔은 만성적인 우둔함이다. 흥분하지 않는 것은 인생의 핵심을 놓치고 사는 것이다. 현명해질수록 슬프고 괴로워지는 것이 아니라 행복해진다는 게 진실이다.

12. 난 원래 이렇게 생겨 먹었어

인생은 계속해서 새 패를 던져준다. 변화의 원천은 외부가 아니라 내부의 의지이다.

13. 상황이 협조를 안 해줘

활기찬 삶을 살기로 작정한다면 '진실'을 받아들여라. "우리의 가장 심한 두려움은 우리가 무력하다는 것이 아니다. 우리의 가장 깊은 두려움은 우리가 측량할 수 없을 정도로 강하다."는 것이다.

－스티븐 챈들러－

99

HALF TIME

ife Plan | 라이프 플랜 점검하기

16만 시간의 기적

연장전까지
뛸 수 있는
삶

은퇴 후 인생후반전 설계부터 실행까지

HALFTIME

현재의 나를
진단하라

전반전에 열심히 살았던 사람이 중년을 지나면서 위기를 맞이하고 이때 자신을 돌아보며 성찰하는 하프타임을 제대로 갖지 않으면 후반 인생이 망가지는 경우를 주변에서 쉽게 만나볼 수 있다. 따라서 우리는 하프타임에서 삶을 돌아보고, 후반기를 잘 조정해야 성공적인 마무리를 할 수 있게 된다. 그렇다면 우리는 하프타임에 무엇을 점검해야 할까?

첫째는 정체성을 발견해야 한다. 언제부터인가 우리는 스피드와 효율성만을 앞세우며 정신없이 달려왔다. 왜 내가 그렇게 바쁘게 살아야 했는지 그 과정에서 정말 중요한 무언가를 놓치지는 않았는지 점검해야 한다. 만약 이런 자기점검의 시간을 갖지 않는다면, 전반전에 성공했다 하더라도 그리고 외적인 삶이 아무리 화려해도 자신의 삶이 허무하게 느껴지고 황량함이 커질 수 있다.

둘째는 하프타임에 우리는 인생의 의미를 찾아야 한다. 잘나가던 기업의 최고경영자이며 저자의 멘토인 밥 버포드(Bob Buford)는 『하프타임』이라는 자신의 책에서 자신의 삶을 이렇게 표현했다. "내 인생의 전반전은 인생의 의미에 대해 깊이 생각할 겨를도 없이 정신없이 생존을 위해서 뛰어온 시간이었다. 치열한 경쟁을 뚫고 대학에 입학했고, 한 여자와 사랑에 빠져서 결혼하고 아기를 낳고, 직장에 들어가 밤낮없이 일해서 승진했다. 남들 보기에 괜찮은 집과 살림살이들을 갖추어가는, 그저 앞만 바라보고 달렸던 삶이었다. 그러나 자신이 입은 부상과 피로가 너무 심했다는 것을 깨달았다."라고 말한다. 금이 간 부부관계, 자녀들과의 서먹함, 소원해진 친구들, 죄책감, 나빠진 건강, 고독감 등을 느낀다. 이제 후반전에서는 '인생의 의미'를 찾는 것이 가장 중요하다. 속도보다는 방향을, 일보다는 관계를, 실적보다는 행복의 의미를 찾아야 한다.

셋째는 감독의 말을 들어야 한다. 심장이 터지도록 열심히 뛰었다고 해서, 하프타임에 감독의 말을 주의 깊게 듣지 않는 선수는 후반에 낭패할 수 있다. 인생후반전은 멘토가 필요하다. 한번도 가보지 않은 후반전을 시작하기 위해서는 감독과 코치의 지도를 받는 것이 필요하다. 하프타임에 해야 할 질문은 "나는 무엇 때문에 이렇게 많은 일들을 할까?", "지금의 결과를 얻기 위해 그토록 애쓰며 살아왔는가?", "나의 부족감은 어디에서 오는 것일까?", "언제까지 이렇게 살 것인가?", "나는 지금 어디에서 어디로 가고 있는 것인가?", "지금 내가 가고 있는 길이 옳은가?", "지금 가고 있는 방향으로 계속 가도 좋은가?" 등이다.

　우리 앞에는 퇴직 후 16만 시간이 남아 있다. 여러분의 현재의 모습은 어떤 상태인가? 아래의 그림에는 두 사람의 모습이 있다. 한 사람은 무엇인가 목표가 있어 활발하게 활동하는 모습과, 다른 한 사람은 보기만 해도 지쳐서 번아웃 되어 있는 모습의 사람이다.

　여러분의 모습은 1번의 모습인가? 2번의 모습인가? 어떤 사람은 1번과 2번의 혼합된 모습인 경우도 있을 것이다. 아마도 자신의 미래에 대한 준비가 되어 있거나 목표가 분명한 사람은 1번의 모습이지만 목표가 분명하지 않아 계속 반복된 일들만 하거나 변화에 대한 기대가 없다면 2번의 모습일 것이다. 인생의 목표가 분명하면 활기찬 모습으로 살 수 있지만 그렇지 않다면 지친 모습으로 살아가게 된다. 그래서 사람들에게 은퇴하면 연상되는 것이 무엇인지를 물어보았다. 설문한 결과에 의하면 한국의 경우,

자유, 행복, 만족은 글로벌과 아시아의 기준에서 보면 낮은 점수를 받게 된다. 반면, 지루함, 외로움, 두려움의 감정은 글로벌과 아시아보다 훨씬 높은 비중을 차지하고 있다.

　이러한 결과가 가르쳐주는 것은 한국 사람들의 경우, 은퇴 이후가 기대보다는 지루함과 외로움, 두려움으로 다가오고 있다는 것이다. 은퇴 이후 가장 문제가 되는 것은 정체성의 혼란을 겪는 것이다. 많은 사람들이 지금의 자기 위치가 자신이라고 생각하고 그 자리를 떠나서 새로운 후반전을 맞이하기 위한 준비가 안 되어 있기 때문에 혼란을 겪게 된다. 그래서 우리나라는 한번 장관하시면 돌아가실 때까지 '장관님'이라고 불러드린다. 한번 총장하시면 돌아가실 때까지 사람들이 '총장님'이라고 불러준다. 그분들이 계속 장관님이나 총장님이 맞는가? 결코 그렇지 않다. 자신이 어떤 위치에 있었든지 정년퇴직을 하고 그 자리를 떠나면 빨리 자신의 새로운 정체성을 찾고 새로운 후반전에 빠르게 진입하고 새로운 시작을 할 수 있는 준비를 해야만 한다.

> 66
>
> **"목적지가 없는 배에겐 어떤 바람도 순풍이 아니다."**
>
> —몽테뉴—
>
> 99

애매한 계획은
애매한 인생을 살게 한다

흔히 인생을 여행에 비유한다. 어떤 여행이든 여행이 성공적
으로 이루어지려면 일단 내가 어디로 가서 무엇을 얻고자 하는지
여행의 목적지가 분명해야 한다. 목적지도 없이 그저 정처 없이
길을 떠나는 것은 여행이 아니라 방황이기 때문이다. 이런 경우
자신이 어디로 가는지에 대한 뚜렷한 확신이 없기 때문에, 조금
만 힘든 일이 있어도 쉽게 여행을 포기할 가능성이 높다. 그러나
가슴속에 진정으로 자신이 바라는 비전을 가지고 있는 사람은 그
비전을 이루기 위해서 어떤 역경과 한계도 넘어설 수가 있다. 그
렇다면 당신의 비전은 무엇이며 여행의 목적지는 어디인가? 자
신이 나아가야 할 방향에 대해서 분명히 알고 있을 때, 우리는 망
설임 없이 앞으로 나아갈 수 있다. 그리고 바로 그때 우리가 마주
치게 되는 모든 사건은 자신 안의 힘을 끌어낼 수 있는 기회로 작
용한다.

    그레그 S. 레잇은 "꿈을 날짜와 함께 적어놓으면 그것은 목표
가 되고, 목표를 잘게 나누면 그것은 계획이 되며, 그 계획을 실
행에 옮기면 꿈은 실현되는 것이다."라고 했다. 한 부대를 2개 팀
으로 나누어 똑같은 코스로 100km의 행군을 하게 했다. A팀은
목적지, 거리, 시간 등에 관한 아무런 사전 정보 없이 단지 명령
에 따라서만 행군하게 했고 B팀은 출발지와 도착 일자, 목적지,
행군거리와 정확한 경로, 휴식과 식사, 야영 시간까지 행군에 관
한 모든 것을 자세하게 기록하여 유인물을 나눠주고 브리핑을 한
후 출발시켰다. 결과는 A팀은 무려 40%가 낙오했고, B팀에서는
모두가 성공적으로 행군을 완료했다. 이와 같은 결과를 통해 알
수 있는 것은 자신의 목표에 관해 장·단기적인 계획을 가진 것
과 분명한 계획 없이 가는 것은 분명한 차이가 있다는 것이다. 그
래서 "애매한 계획은 애매한 인생을 살게 한다."는 명언이 있다.

    홍사중의 『늙는다는 것, 죽는다는 것』에서 "우리나라의 이른
바 명사들이 조로병에 걸리기 쉬운 데는 그만한 이유가 있다고
말한다. 그들은 삶의 목적을 돈과 권력 그리고 세속적인 명예에
두고 그것이 어느 정도 채워지고 난 후에는 삶의 의미를 잃어버
리는 것이다. 자신이 원하던 것을 채운 후에는 더 이상 머리를 쓰
려고 들지도 않고 새로운 공부를 할 필요성을 느끼지 못하니 조
로병에 걸릴 수밖에 없는 것이다." 한 마디로 골인 지점을 잃어버
린 것이다.

16만 시간의 기적

마라톤 선수를 보면 두 가지 유형이 있다. 자기 능력에 맞게 꾸준한 수준을 유지하는 사람이 있는가 하면 성급한 마음으로 사력을 다해 뛰다가 결승점을 앞두고 지쳐 쓰러지거나 기어들어 가는 사람도 있다. 성공한 사람은 자기에 맞게 힘과 시간과 에너지를 안배한다. 그렇게 해서 자신의 기록을 단축하는 것이다. 그러나 실패한 사람은 너무 욕심을 내다가 자신의 능력을 발휘하지 못하고 지쳐 쓰러지는 것이다.

시카고 마라톤대회에서 있었던 일로 잘 달려왔어도 결승점과 우승을 눈앞에 두고 미끄러져 버린 마라톤 선수가 있었다. 100m 달리기도 아니고 마라톤인데 42.195km를 잘 달려왔음에도 결승선 1m 앞에서 아쉬움을 남기게 된 것이다. 반면, 1968년 10월 20일 멕시코 시티 올림픽 스타디움에서 우레 같은 기립 박수가 터져 나왔다. 마라톤 경주에서 꼴찌를 한 탄자니아 대표 아크와리 선수가 나타났기 때문이다. 그의 다리는 피투성이였고 비틀거리며 거의 쓰러질 것 같았다. 그러나 그는 남의 부축 없이 400m 운동장을 다 돌고 결승점에서 골인하였다. 그는 마라톤 도중에 넘어져 무릎에 심한 부상을 입었으나 포기하지 않고 26마일 385야드를 뛰었던 것이다. 같은 경주에서, 전설적인 선수이며 로마와 동경에서 금메달을 따낸 에티오피아의 아베베 비킬라는 10마일 지점에서 역시 다리에 부상을 입고 기권하였다. 기자가 아크와리 선수에게 물었다. "어쨌든 입상은 못 할 상황인데 왜 기권하지 않았습니까?" 아크와리의 대답은 간단했다. "가장 불명예스러운 것이 중간 포기입니다. 나 자신도 불명예스럽게 되고 7천 마일이나 되는 이곳까지 나를 보낸 나의 조국에도 불명예가 됩니다." 인생에서 실패는 없다. 포기하지 않는 인생이 성공하는 인생이다.

"

리콜인생과 리필인생

· · · · · ·

리콜(Recall)과 리필(Refill)은 글자 하나 차이이지만 뜻은 극과 극이다.

리콜(Recall)인생은 늘 만나면 부탁만 해서 부담되고 항상 불평불만이 가득하고 부정적이어서 다시는 만나고 싶지 않은 사람이다.

리필(Refill)인생은 다른 사람을 도와주고 배려하고 유익한 정보가 가득하고 만날수록 더 만나고 싶은 사람이다.

나는 주변 사람들에게 어떤 존재일까?

,,

·Career Values / 진단3·

Target '목표 정하기'

진단프로그램 _ Career Values

새로운 직업을 파악하는데 있어서 자신이 만족스러운 결과를 얻을 수 있는 경력, 환경 및 직업에 자신을 재배치해 봅니다. 이 작업을 통하여 어떤 직업에서 스스로가 가장 행복하고 능률적이 될 수 있는지 점검해 보는데 도움이 될 것입니다. 그 중 본 워크샵에 필요한 질문에 대해서 답변을 작성해 보시기 바랍니다. 가능하면 자신을 둘러싼 모든 환경에서 벗어나 자유로운 사고 속에서 작성하도록 하십시오.

개인 가치 요소

각각의 Career Values에

1점(전혀 중요하지 않다) ~ 10점(매우 중요하다)의 중요도를 표시 하시기 바랍니다.

Career Values	중요도	내 용
성취		해당 업무 분야에서 능숙하고 정통하려고 한다.
모험		종종 위험을 감수해야 하는 업무들을 맡는다.
미적 정서		사물이나 사상의 아름다움을 감상한다.
앞서감		일을 잘하여 승진과 성장의 기회를 잡으며 앞서 나간다.
조직으로의 소속		한 조직에 구성원으로서 소속감을 느낀다.

■■■■ HALFTIME BUILDERS

개인가치 우선순위

Career Values 중에서 가장 높은 점수를 매긴 상위 10개를 아래에 정리해 본 후, 그 중에서
경력목표를 결정하는 기준으로 삼을 항목들을 도출해 내시기 바랍니다.

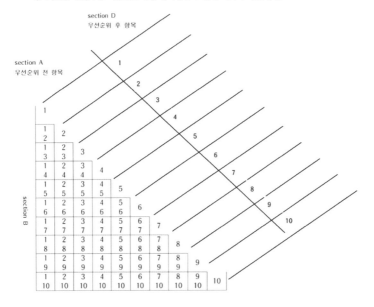

HALFTIME BUILDERS

후회 없는 인생을
계획하라

　　우리에게는 두 장의 히든카드가 있다. 하나는 아직도 '창창한 미래'라는 카드이고, 다른 하나는 '과거의 경험'이라는 카드이다. 생각을 바꾸면 얼마든지 인생후반전 16만 시간은 새로운 시작을 할 수 있다. 퇴직하면 그동안 하지 못했던 여행을 마음껏 다니고 친구들과 어울려 인생의 재미를 찾겠다는 퇴직 예정자가 많다. 여행도 한두 번이고 등산도 하루 이틀이지 그렇게만 살 수는 없지 않은가? 그들에게 인생의 후반전을 어떻게 살 것인가를 물으면 마땅히 할 일을 찾지 못했다고 말한다. 누구에게나 인생의 꿈은 있다. 그러나 그 꿈을 이루느냐 아니면 포기해 버리느냐를 고민하기에는 우리의 시간이 너무 많이 남았다는 사실이다.

　　사람에게는 두 가지 편견이 있다. 한 가지는 다른 사람에 대한 편견이며, 다른 하나는 자기 자신에 대한 편견이다. 어떤 사람은 말한다. "저는 평생 한 번도 보물찾기에 성공한 적이 없어요."라고 말하는데 보물찾기는 언제 하는가? 주로 초등학교 시절에 하는데, 사람들은 그때 보물찾기에서 성공하지 못했다면 평생 한 번도(?) 보물찾기에 성공하지 못했다고 생각한다. 그러나 그때만 못 찾은 것이지 평생 못 찾은 것은 아니다. 바로 이것이 편견이다.

대기업에 다니다 그만둔 임원을 만났는데 몇 년째 재취업이 안 되다 보니 얼마 안 되는 사이에 많이 늙었다는 생각이 들었다. 무엇을 하면서 지내느냐고 묻자 이것저것 해보았는데 생각처럼 쉽지 않다면서 한숨을 쉬었다. 그는 '회사인간'으로 살다가 퇴직 후 후반전 16만 시간에 대한 계획을 하지 못했다. 그러나 그에게는 아직도 남은 인생의 시간이 있다. 시어도어 루스벨트(Theodore Roosevelt)는 "인생은 단 한 번뿐이다. 무사안일하게 사는 것보다는 이 세상에서 무슨 일인가를 한번 이루기 위한 모험을 시도하는 것이 우리의 인생에 걸맞다."라고 했다.

인생에는 두 가지의 시점이 있다. 적절한 시점과 놓쳐버린 시점이다. 적절한 시점은 자신에게 기회가 왔을 때 그것을 후회함 없이 기회로 만들어 사용하는 것을 말한다. 반대로 놓쳐버린 시점은 기회가 왔음에도 그것을 소홀히 여기고 후회하는 시점을 말한다. 사람들은 같은 상황을 살아가지만 그것을 희망이라는 눈으로 보느냐 아니면 절망의 눈으로 보느냐에 따라 인생의 결과는 달라진다. 후반전에 희망이 있는 사람은 현실에 안주하는 사람이 아니다. 다시 말해 후회함이 없는 삶을 사는 것이다.

어느 일간지에 「95세 어른의 후회 수기」라는 글이 실렸다. "나는 젊었을 때 열심히 일했습니다. 그 결과 나는 실력을 인정받았고 존경받았습니다. 그 덕분에 65세 당당한 은퇴를 할 수 있었죠. 그런 내가 30년 후인 95세 생일 때 나는 얼마나 후회의 눈물을 흘렸는지 모릅니다. 내 65세의 생애는 자랑스럽고 떳떳했지만, 이후 30년은 부끄럽고 후회되고 비통한 삶이었습니다. 나는 퇴직 후 '이제는 다 살았다. 남은 인생은 그냥 덤이다.'라는 생각으로 그저 고통 없이 죽기만을 기다렸습니다. 덧없고 희망이 없는 삶 그런 삶을 무려 30년이나 살았습니다.

30년의 시간은 내 나이 95세로 보면 1/3에 해당하는 기나긴 세월이었습니다. 만일 내가 퇴직할 때 앞으로 30년을 더 살 수 있다고 생각했다면 난 정말 그렇게 살지는 않았을 것입니다. 그때 나 스스로 늙었다고 뭔가 시작하기에 너무 늦었다고 생각한 것이 큰 잘못이었습니다. 나는 지금 95살이지만 정신이 또렷합니다. 앞으로 10년, 20년을 더 살지 모릅니다. 이제 나는 하고 싶었던 어학 공부를 새로 시작하려 합니다. 그 이유는 단 한 가지 10년 후에 맞이할 105살의 생일날 95살 때 왜 아무것도 시작하지 않았는지 후회하지 않기 위해서입니다."

인생에 지난 시간을 후회하고 있는 사람에게 위로와 격려가되는 기사였다. 때론 누구나 자신이 가야 할 길을 막아선 큰 돌을만난다. 그런데 대부분의 사람들은 돌을 옮기려고 끙끙대 보다가이내 포기하고 절규한다. 사람들은 인생의 장애물이 너무나 버거워서 자신의 책임을 부정하고 남들에게 그 탓을 전가하려 한다.그러나 멋진 후반전을 살아가는 사람들은 언제나 자기 앞의 돌을스스로가 망설임 없이 치우고 미래를 향해 희망차게 전진한 사람들이다. 미국의 격언에 "호주머니에 손을 넣고 성공의 사다리를올라갈 수 없다."는 말이 있듯이 마음먹고 결단했다면 발걸음을미래를 향해 내디뎌야 한다. 이때는 욕심낼 것이 아니라, 자기가하고 있는 일 가운데 가장 작은 것부터 하나씩 성취해 나가면서만족감과 성취감을 최대한 만끽하는 것이 중요하다.

"

죽을 때 가장 많이 하는 후회

・・・・・・

1. 수많은 걱정거리를 안고 살아온 것

2. 어떤 하나에 몰두해보지 않은 것

3. 좀 더 도전적으로 살지 못한 것

4. 내 감정을 솔직하게 주위 사람들에게 표현하지 못한 것

5. 나의 삶이 아닌, 주위 사람들이 원하는 삶을 살아온 것

6. 누군가에게 사랑한다고 말하지 못한 것

7. 친구들에게 더 자주 연락하지 못한 것

8. 자신감 있게 살지 못한 것

9. 세상의 많은 나라를 경험해보지 못한 것

10. 결국 행복은 내 선택이라는 걸 이제 알았다는 것

"

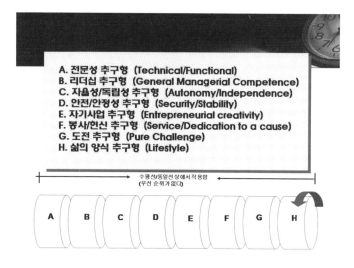

·Career Anchors / 진단 2·

A. 전문성 추구형 (Technical/Functional)
B. 리더십 추구형 (General Managerial Competence)
C. 자율성/독립성 추구형 (Autonomy/Independence)
D. 안전/안정성 추구형 (Security/Stability)
E. 자기사업 추구형 (Entrepreneurial creativity)
F. 봉사/헌신 추구형 (Service/Dedication to a cause)
G. 도전 추구형 (Pure Challenge)
H. 삶의 양식 추구형 (Lifestyle)

수평선/동일선상에서 적용함
(우선 순위가 없다)

A   B   C   D   E   F   G   H

8가지 유형분석

A. 전문성 추구형

이 분야의 성향을 가진 사람은 자신의 전문성으로 경력의 방향을
전개하는 데 내적 만족을 느낀다.

B. 리더쉽 추구형

여러 부서의 기능을 잘 알 필요가 있으며 총괄 관리자의 업무를 잘 수행하기 위해서 사업이나 산업에 대한 식견이 있어야 한다고 믿는다. 주요 가치관과 동기는 높은 책임감, 지도자로서의 기회, 조직의 성공에 대한 기여 그리고 높은 임금을 받는 수직적 상승이다.

C. 자율 · 독립성 추구형

업무 내용과는 무관하게 자신들의 방식, 속도 등에 맞게 일하고 싶은 강렬한 욕구를 가지고 있다. 조직의 생활이 자신들의 삶에 제한적이고, 비이성적이며, 방해가 된다고 생각한다. 따라서 보다 독립적인 경력을 선호한다. 자율적으로 일할 수 있는 현 직장과 자율이 보장되지는 않지만 훨씬 나은 직장을 선택하도록 강요받으면 이 성향의 사람들은 현 직장을 고수할 것이다.

D. 안전 · 안정성 추구형

안전성과 지속성이 모든 경력의 결정에 지배적인 역할을 한다. 직장을 오래 다닐 수 있고 좋은 퇴직 계획과 복리후생 그리고 튼튼하고 의지할 만한 회사에 근무하려 한다. 이런 이유에서 정부와 공무원직은 이들에게 매력적인 직종이다. 비록 높은 지위나 중요한 업무를 맡지 않더라도 소속된 조직과의 일치감을 통해 만족감을 얻는다.

E. 자기사업 추구형

새로운 회사, 상품, 서비스를 만들어 경제적으로 성공하는 것을 말한다. 그래서 돈을 번다는 것이 이들에게는 성공의 척도이다. 많은 사람들이 자율적으로 일하고 싶어 자신의 사업을 하려 한다. 재능이나 능력보다는 일을 통해 자아를 실현하고자 하는 가치관에 더 중점을 둔다.

F. 봉사헌신 추구형

봉사 헌신 경력을 선정하는 결정은 더 나은 세상을 만들려 하는 열정이 있다. 사회복지, 교직 등과 같은 남을 돕는 직업은 이 성향의 사람들이 많이 선택하는 직업이다.

G. 도전 추구형

불가능한 일을 극복하고 해결할 수 없는 문제를 해결하고, 굉장히 강한 상대를 제압하는 것을 성공이라고 규정한다. 일을 하나하나씩 해결해 나아감에 따라, 갈수록 더 힘든 도전을 추구한다. 어떤 사람들은 보다 더 어려운 문제에 직면할 수 있는 직업을 선택한다. 어떤 분야의 문제이든 개의치 않으며 보다 어려운 전략적 업무를 좋아한다.

H. 삶의 양식 추구형

필요시 적합한 대안을 찾을 수 있는 상황이라면 회사를 위해 성심껏 일한다. 여기서 대안이란 가족의 일로 여행을 하고, 예기치 못한 일로 파트타임 일을 할 수 있는 등 융통성 있게 일할 수 있는 것을 말한다. 어떤 특정의 프로그램보다 개인과 가족 문제를 반영하는 회사의 태도를 더 높이 생각한다.

인생후반전은
속도보다 방향이다

  우리는 얼마나 빠르게 혹은 더 많은 것을 이루며 살아가고 있는지에 대해 관심이 많다. 오히려 중요한 것은 속도보다 방향성인데, 그에 대한 고민은 뒤로 미루고 있는 것 같다. 너무 눈앞의 세상만 보지 말고 여유를 갖고 뒤를 돌아보고 조금 멀리 내다볼 필요가 있다. 가끔은 멈춰서 내가 어느 방향으로 가고 있는지, 어떤 길을 걸어왔는지, 나아가는 방향이 내가 원하는 방향이 맞는지 점검할 필요가 있을 것 같다. 천천히 가도 결국 방향성이 옳으면 그게 옳은 인생이다.

  우리는 바쁜 세상에 살고 있다. 그래서 종종 어디로 향해 가는지 무엇을 위해서 사는지 망각한 채 그날그날을 타성에 젖어 살아갈 때가 많다. 의도적으로 생각할 시간을 내서 자기 자신의 모습을 돌아보고 자신의 인생후반전의 목표를 새롭게 할 필요가 있다. 목적지가 없는 배에게는 바람이 불지 않는다. 이 말은 서양의 격언이다. 비전과 목표는 우리의 방향을 설정해준다. 방향이 정해져 있지 않으면 앞으로 전진하지 못하고 제자리에서 맴돈다. 목표가 없는 삶은 표류하는 배와 같다.

그렇다면, 방향과 속도 어느 쪽이 중요한가? 오래전 캐나다에서 이민생활 하던 시절 내비게이션이 보급되기 전 처음으로 가족과 필라델피아를 방문하기 위해 차를 타고 가는데 아무리 가도 찾는 고속도로 번호가 나오지 않았다. 결국 주유소에서 지도를 펼치며 주유원에게 물었다. "내가 이곳으로 가야 하는데 어떻게 가야 하나요?" 그는 대답 대신 내가 가지고 있는 지도를 거꾸로 보여주면서 당신은 지금 거꾸로 가고 있다고 말하는 것이 아닌가. 그때 깨달은 사실은 아무리 속도가 빨라도 방향이 틀리면 목적지에 도달할 수 없다는 사실이다.

인생의 방향을 결정하는 것은 비전이다. 비전은 미래에 대한 인식이다. 비전이 가르치는 방향과 각도가 조금만 다르다 하더라도 결과는 완전히 차이가 난다. 그 한 가지 예화를 소개한다. 시계의 1분을 나타내는 각도는 3도이다. 아폴로 우주선이 케이프 캐너버럴의 우주센터에서 발사될 때 우주선의 진행코스가 1분과 같은 3도만이라도 틀렸다고 가정해보면, 달의 착륙지점에서 똑같이 3도 달라지는 것이 아니라 놀랍게도 20,000km나 멀리 떨어지는 것이다. 3도의 차이가 엄청난 결과를 가져오는 것이다.

비전이 없는 사람은 자신이 어디로 가야 하는지를 모르고 방황하는 사람이다. 헬렌 켈러는 "시력은 있으나 비전이 없는 사람은 불쌍하다."라고 했다. 과연 우리가 추구해야 할 비전은 무엇인가? 누구나 성공을 꿈꾼다. 그런데 어떤 사람은 성공을 꿈꾸는 것만으로 끝나고 어떤 사람은 성공을 이룬다. 그렇다면 성공한 사람은 뭔가 특별한 비결이 있는 것일까? 켄 셸턴은 그의 책에서 "진정한 성공자 중에서 특별한 행운 덕에 성공한 사람은 아무도 없다."라고 단언했다. 각 분야에서 성공한 사람들을 보면, 인텔 창업자 앤드루 그로브, 스타벅스 회장 하워드 슐츠, 월마트 창업자 샘 월튼 등 그들의 공통점을 보면 자기의 명확한 비전이 있었고, 그다음으로는 분명하고 단계적인 목표 설정, 포기하지 않는 긍정적 믿음이 있었다.

이처럼 성공한 사람들의 공통법칙을 살펴보아도 뭔가 특별한 내용은 없다. 우리가 이미 알고 있는 평범한 것들이다. 성공한 사람은 성공의 공통법칙을 파악한 후 이에 충실히 따랐다. 톨스토이는 "할 일이 없는 곳 그곳이 지옥이다."라고 했다. 성공적인 삶을 살아가는 지혜는 "첫째, 마치 우리가 영원히 살 것처럼 장기적으로 계획을 세우는 것이고 둘째, 우리가 마치 내일 죽을 것처럼 매일 행하는 것."이라고 했다. 그렇다. 비전이 인생을 움직이게 한다. 그래서 비전이 명확하지 않고 주의력이 산만한 사람을 가리켜 러시아 속담에 "숲속을 걸어가도 땔감을 찾아내지 못한다."
라는 말이 있다. 비전에 집중하면 비전은 현실이 된다.

66

"옳은 방향을 선택했다고 생각되면 그 방향을 확신하라. 속도는 중요하지 않다."

−크리스 가드너−

99

·진단프로그램 / 액션플랜·

Improvement '액션플랜'

경력가치 / 하던일 하고싶은일 / 결과	결과	C/A (경력의 닻)		C/V (일에 대한 가치)	

오르는 것만이 등산이 아니다. 하산도 등산이다

등산을 할 때 주로 사고는 올라갈 때 많이 나는가? 내려갈 때 많이 나는가? 정답은 올라갈 때 보다는 내려올 때 즉, 하산할 때 많이 발생한다. 등산을 해보면 정상을 향해 오르는 데는 많은 시간이 걸리지만, 정상에 머무르는 시간은 짧은 시간이다. 오르는 데 고생했다고 정상에 머무는 시간을 오래 즐기다 보면 어두워지고 하산할 시간을 놓쳐서 조난당할 수 있는 확률이 높아진다. '등산은 오르는 것만이 등산이 아니라 하산도 등산이다.' 우리의 인생도 마찬가지다. 오르는 것만이 중요한 것이 아니라 하산까지 마무리를 잘하는 것이 중요하다.

혹시 당신의 인생에서 하산 길에 조난을 당했다면, 자신의 현재의 위치를 먼저 파악하고 자신의 과거에 대한 정확한 점검이 필요하다. 사람은 누구나 크고 작은 꿈을 꾸며 살아간다. 꿈이 없다는 사람들도 막연한 어떤 기대는 가지고 있다. 당신이 상상의 날개를 펴서 어린 시절에 품었던 꿈을 생각해보라.

　사람은 꿈을 꾸며 꿈을 이루기 위해 노력하고 그러다 어려우면 꿈을 변경하며 산다. 어린 시절에 일생의 꿈을 설정한 사람도 있고 자주 꿈을 변경해가는 사람도 있다. 일관성 있게 꿈을 추구해 나가는 것이 가장 바람직하다. 그러나 많은 사람이 꿈을 변경하며 조정해 나간다. 그 이유는 외부의 상황도 수시로 변화하기 때문이다. 과거에 당신이 어떤 꿈을 꾸었으며 현재는 어떤 모습으로 변화해 왔는가를 잘 살펴보면 당신과 당신의 환경에 대해 새로운 통찰력을 가질 수 있을 것이다.

　베이비부머가 희망하는 노후생활에 대해 조사해놓은 것을 보면, 자기 개발이 7.5%, 종교활동 9.1%, 자원봉사 16.8%, 소득창출 18.8%, 취미생활 42.3%로 가장 높은 비중을 차지하는 것이 바로 취미생활이다. 물론, 그동안 많은 시간 일을 했기 때문에 여가생활과 취미생활도 필요하다. 직장생활 30년 이후 은퇴한다고 가정했을 때, 놀랍게도 남은 인생은 열심히 일했던 30년보다 훨씬 긴 40여 년인 16만 시간이 남아 있다. 그렇다면, '40년을 어떻게 살 것인가?' '여행, 골프, 낚시, 그리고 취미활동만으로 충분할까?'

　요즘 모든 남자들이 즐겨보는 프로그램이 있다. 바로 「나는

　　　　　　　　　　　　　　16만 시간의 기적

자연인이다」라는 TV프로이다. 그동안 직장생활하고 가족 부양하느라 고생했으니 이제 다 뒤로하고 그냥 깊은 산속에서 혼자 살고 싶은 남자들이 많다는 것이다. 가끔씩 그렇게 사는 사람이 부럽기도 하지만, 그렇다고 평생을 그렇게만 살 수는 없지 않은가? 그동안 이루지 못한 자신의 꿈과 이상을 실현해야 할 시간이 필요하다. 고산을 등정하기 위해 많은 사람들이 산자락의 베이스캠프에 진을 치지만 그중에서 완등을 하는 사람은 그리 많지 않다.

그러나 많은 사람들이 나이 들어 무엇을 하기에는 이미 늦었다고 생각하지만 인생후반전에 오히려 위대한 결실을 이뤄낸 사람들이 있다. 레오나르도 다빈치는 천재 중의 천재로, 54세에 대표작 「모나리자」를 완성했다. 그는 자신이 이룬 영예에 파묻히지 않고 해부학, 수학, 광학, 천문학 등에 대한 탐색을 계속했다. 니콜라우스 코페르니쿠스는 지동설을 제창한 혁명가이다. 그는 62세에 새로운 행성체계를 수립했으며, 67세에는 근대 천문학의 토대를 마련하고 과학사의 근간을 뒤흔든 저작 『천체의 회전에 대하여』를 완성했다.

빅토르 위고는 천재 문인으로 유배생활 도중인 60세에 『레미제라블』을 완성했다. 이 작품은 파리를 무대로 하는 광대한 작품으로 낭만주의의 승리를 보여주는 걸작이다. 또한 알프리드 히치콕은 영국 출생의 미국 영화감독으로 스릴러 영화라는 장르를 확립했으며 이 분야의 1인자이다. CNN이 발표한 역대 최고의 스릴러 영화 100선에 선정된 아홉 편의 작품 대부분이 50세를 넘겨 발표한 것들이다. 그리고 맥도널드의 아버지라고 불리는 레이 크록은 53세에 맥도널드 사업에 뛰어들었다. 그는 품질, 빠른 서비스와 청결을 앞세운 프랜차이즈 사업으로 미국을 '맥도널드화'했다. 넬슨 만델라는 남아프리카공화국 최초의 흑인 대통령인데 27년간의 옥살이를 끝내고 72세에 석방된 그는 1년 뒤에 아프리카민족회의 의장이 되었다. 1994년에 자유선거를 통해 대통령으로 선출되어 81세까지 일했다. 사람들의 생각 중 가장 흔한 오류중의 하나는 자신의 현재 나이가 항상 무엇인가를 시작하기에 늦었다고 생각하는 것이다. 인생의 황혼의 시기라면 더욱더 좋은 때이다. 인생의 후반전은 나이로 일하는 것이 아니고 마음으로 일하는 것이다.

"

성공의 산을 오르는 11가지 방법

......

1. 내가 오르고 싶은 산을 오른다.

2. 산에 이르는 길을 찾는다.

3. 먼저 간 사람에게 배운다.

4. 위험은 언제 닥칠지 모르지만, 예방 가능하다.

5. 변화하는 풍경을 마음껏 누린다.

6. 자신의 몸을 소중히 돌본다.

7. 자신의 영혼을 믿는다.

8. 조금만 더 가면 된다는 마음을 갖는다.

9. 정상에 오르면 마음껏 기쁨을 맛본다.

10. 한 가지 약속을 한다. 또 다른 산을 찾아, 새로운 모험에 도전하겠노라고.

"

평생학습자에
도전하라

만일 우리가 친구에게 "나는 아직도 학습 중이라네!" 이런 말을 할 수 있다면, 아직도 성장하고 있으며 희망을 품고 있는 사람일 것이다. 우리의 몸이 성장을 멈추기 시작하면 힘이 약해지고 의욕이 더 이상 생기지 않는 것은 자연의 당연한 이치이다. 그렇지만 가슴에 뜻을 품고 있는 사람은 나이에 상관없이 힘든 상황에서도 배움을 일상화하며 성장을 멈추지 않는다. 그가 바로 평생학습자이다. 인간의 학습을 연구해 온 힘스트라(Hiemstra)라는 학자가 평생학습의 의미를 '자기주도적 성장행위(Self-directed growth behavior)'라고 정의한 것도 이 때문인 것 같다.

이제는 정년이 보장되지 않는 세상에서 수명은 100세로 늘어나 인생의 후반전을 준비하지 않을 수 없는 상황이 되었다. 그래서 평생학습에 도전하면서 진정한 자기 스토리를 만들어가야 하는데, 배움을 통해 자기의 장점, 자신이 한 일의 가치를 발견하고 그것을 긍정적으로 조합함으로써 전반전보다 후반전에 새롭고 자신감 있는 자신을 만들어가는 과정을 영위할 필요가 있다. 이러한 삶을 살기 위해서 평생학습을 하게 되면 뇌세포가 늙지 않는다. 뇌세포가 건강하면 육체적으로도 건강을 유지할 수 있다. 또한 사람은 호기심이 없어지면서부터 늙는다. 배우면 젊어지고 삶을 즐길 수도 있게 된다.

앨빈 토플러는 "21세기 문맹자는 글을 읽고 쓸 줄 모르는 사람이 아니라, 학습하고 교정하고 재학습하는 능력이 없는 사람이다."라고 말했다. 배움과 관련된 유명한 일화가 있는데 우리에게 잘 알려진 조각가, 건축가, 화가, 시인이었던 미켈란젤로(Michelangelo)가 87세 때 친구의 질문에 답한 이야기이다. 이탈리아 말로 "안꼬라 임빠로(Ancora imparo).", 이것은 영어로 "I am still learning."을 뜻하는데 지금도 많은 사람들이 이 멋진 말을 동판으로 제작하여 소장한다고 한다.

오랫동안 하버드대학교 총장을 지냈던 찰스 엘리옷 박사는 보통 사람도 세계 명작들을 하루에 몇 분씩만이라도 꾸준히 읽는다면 훌륭한 교육을 받을 수 있다고 말했다. 1910년에 그는 역사, 과학, 철학 및 미술에 관한 책들을 선별하여 50권으로 된 『하버드 고전 전집』을 편찬했다. 각 책에는 엘리옷 박사의 '하루 15분'이라는 제목의 읽기 안내가 있었는데, 거기에는 1년 동안 매일 읽어야 할 8~10페이지의 글들이 추천되어 있다. 하루에 15분이면 1년에 91시간이다. 얼마의 시간을 쓰든지 꾸준하게 읽는 것이 비결이고, 완벽하게 읽기보다는 인내하며 읽는 것이 중요하다. 그는 혹 하루나 한 주를 빠뜨리더라도 읽기를 다시 시작할 수 있다고 조언하고 있다. 찰스 존스는 2가지에서 영향받지 않는다면 우리 인생은 5년이 지나도 지금과 똑같을 것이라고 말했는데, 그 2가지란 '우리가 만나는 사람과 책이다.'

　지금은 특정인이 지식을 독점하고 배움의 기회를 제한했던 학교교육시대가 저물어 지면서 누구나 지식을 소유하고 공유할 수 있는 대중적 지식사회 속에서 모든 현대인은 전 생애단계에서 '학습자(學習者)'로서의 모습을 드러내고 급기야는 '평생학습자(Lifelong Learner)'로서의 정체성을 되찾게 되었다. 미켈란젤로가 나지막한 목소리로 "친구여, 나는 여전히 학습 중이라네."라고 말한 것처럼 이제 우리는 평생학습자가 되어야 한다. 그래서 우리는 각자의 인생을 지혜롭게 성장시키는 자기주도성을 발휘하는 학생이고 평생학습자인 것이다.

　월터 B. 피트 칸은 중년들에게 이렇게 조언한다. 일을 가볍게 받아들여라. 그리고 사는 것과 생계를 꾸리는 것을 혼동하지 말라. 여행을 하거나 깊이 있는 독서를 하라. 삶의 속도를 스스로 조절하라. 줄어드는 에너지를 효율적으로 활용하라. 삶의 변화를 위해서는 무언가 틀을 바꾸고 각도를 바꾸어야 하는 것이다. 그대로 있다가는 아무런 변화가 없다. 기대할 수 있는 결과가 없다는 것이다.

　　　　　　　　　　16만 시간의 기적

후반전을 위해서는 자신의 부족한 부분을 분석하고 평생학습자의 태도로 자신을 발전시켜 나가야 한다. 그렇다면 나는 과연 어떤 유형인가? 변화에 둔감한 '삶은 개구리형'인가? 의지할 곳 없이 표류하는 '민들레 홀씨형'인가? 한 분야만을 깊게 하는 '다나카형'인가? 끊임없이 변화를 시도하는 '피카소형'인가? 후반전에서는 진정으로 자기가 더 배우고 발전시켜야 할 것이 무엇인지 아는 것이 중요하다. 그러므로 우리 모두는 평생학습자라는 자신의 시대적 정체성을 재발견하고 평생학습을 생활화한다. 변화는 배움과 앞으로 나가는 데에서 시작된다.

"

셰익스피어가 주는 중년의 9가지 교훈

· · · · · ·

1. 학생으로 계속 남아라.

2. 과거를 자랑하지 마라.

3. 젊은 사람과 경쟁하지 마라.

4. 부탁받지 않은 충고는 굳이 하려고 마라.

5. 삶을 철학으로 대체하지 마라.

6. 아름다움을 발견하고 즐겨라.

7. 늙어가는 것을 불평하지 마라.

8. 젊은 사람들에게 세상을 다 넘겨주지 마라.

9. 죽음에 대해 자주 말하지 마라.

"

HALF
TIME

Focus | 집중하기

16만 시간의 기적

인생의
16만 시간
어떻게
보낼 것인가

은퇴 후 인생후반전 설계부터 실행까지

HALFTIME

후반생은 보너스로
주어진 시간이 아니다

　　스포츠에서 연장전(延長戰)은 승부를 가려야 하는 상황에서 경기가 무승부로 끝났을 때 치러지는 경기이다. 결국 승부를 가를 때까지 경기는 계속되는 것이다. 인생은 어떠한가? 꿈을 이룰 때까지 인생의 경기는 계속된다. 은퇴는 없으며, 꿈을 이루는 데 필요한 시간표와 그 시간을 즐기며 자신의 페이스에 맞게 나아가는 도전이 있을 뿐이다. 그렇다면, 인생후반전과 연장전은 어떻게 임해야 할까? 인생주기가 예전에는 20년 준비하고 30년 일하고 20년 노후를 보내는 20-30-20 사이클이었다. 그런데 이것이 세월이 흘러감에 따라 30-20-30으로 바뀌었다. 그리고 최근에는 30-20-50으로 완전히 바뀌었는데, 30년 준비하고 겨우 20년 일하고 50년 노후를 보내는 사이클로 변한 것이다. 이러한 결과로 보면 앞으로 남은 생애는 우리가 살아온 생애만큼 남았다는 것을 의미한다. 100세 시대를 앞둔 오늘날, 50년 후반전에도 계속 일하며 건강하게 삶을 영위하기 위해 우리는 더욱더 후반전 준비를 잘해야 한다.

혹시 나는 100세까지 살 수 있을 것이라고 생각하는가? 실제로 100세까지 살 수 있는 확률은 꽤 높다. UN이 평생연령 기준을 다시 정립하여 새로운 기준을 발표하였다. 0~17세 미성년자, 18~65세 청년, 66~79세 중년, 60~99세 노년, 100세 이후 장수노인으로 평생연령의 새로운 기준을 적용하면 당신은 어떤 세대에 해당하는가? 우리의 몸과 마음은 우리 자신이 생각하는 것보다 훨씬 젊다. 그러니 바로 지금이 무엇이든 자신이 꿈꾸어오던 것, 생각하고 있는 것들을 새롭게 시작할 수 있는 적기이다. 인생은 전반전을 어떻게 살았느냐에 따라 후반전의 인생이 결정되고 후반전을 어떻게 살았느냐에 따라 연장전도 결정된다. 전반전보다 후반전이 좋아야 되고 후반전보다 연장전이 좋아야 한다.

요즘은 '인생 100년 사계절'을 이야기하는 사람들이 많다. 25세까지 '봄', 50세까지가 '여름', 75세까지 '가을', 100세까지 '겨울'이라는 것이다. 이에 따른다면 70세 노인은, 단풍이 가장 아름다운 만추(晚秋)쯤 되는 것이요, 80세는 이제 막 초겨울에 접어든 셈이 되는 것이다. 서양에서는 대체로 노인의 기준을 75세로 보는 것 같다. 그들은 65세에서 75세까지를 'Young old' 또는 'Active retirement(활동적 은퇴기)'라고 부른다. 비록 은퇴는 했지만 아직도 사회 활동을 하기에 충분한 연령이라는 것이다. 그러

16만 시간의 기적

나 이러한 육체적 연령보다도 더 중요한 것이 정신적인 젊음일 것이다. 유대계 미국 시인인 사무엘 울만은 일찍이 그의 유명한 시 「청춘(Youth)」에서 이렇게 노래했다. "청춘이란 인생의 어떤 기간이 아니라 마음의 상태를 말한다(Youth is not a time of life - It is a state of mind). 때로는 20세 청년보다도 70세 노년에게 청춘이 있다. 나이를 더해가는 것만으로 사람은 늙지 않는다. 이상과 열정을 잃어버릴 때 비로소 늙는다."라고 말했다.

데이빗 코베트는 다음의 5가지를 인생 포트폴리오의 요소로 제안한다. 직업 또는 수입의 창출, 지적인 자극과 영적인 자기 계발, 여가생활, 가족이나 친구들과의 교류, 지역사회 활동을 통한 사회 환원 등이며 전반전이든, 후반전이든 또는 연장전이든 나의 게임을 뛰는 것이다. 시간과 돈과 에너지가 없다는 이유로 미루었고 포기했던 것들은 무엇인가? 내 인생의 방향과 속도는 진정 내가 원하는 것인가? 진정 내가 살아있다고 느끼는 나만의 만족스러운 일은 무엇인가? 아낌없이 투자하고 싶은 것은 무엇인가? 세상에 남기고 싶은 것은 무엇인가? 인생의 16만 시간을 위한 하프타임은 '진단'으로 시작한다. 우리가 병원에 가서 바로 수술대에 오르지 않고 먼저 진단을 하는 것처럼, 하프타임에서도 가장 중요한 것이 자신을 진단하는 것이다. 진단한 후에야 구체적인 삶의 방향을 잡고 개선해나갈 것인지를 정할 수 있다. 후반전 인생은 보너스로 주어진 시간이 아니기 때문이다.

·생애주기·

일상의
루틴을 만들어라

불과 300년 전, 조선 왕들의 평균 수명은 46.1세였다. 가장 장수한 왕은 영조로 82세까지 살았다. 이는 현재의 평균 수명에 조차 미치지 못하는 기록이며 하루가 다르게 발전하는 과학 기술의 진보의 결과로 평균 수명이 100세에 이르는 건 시간문제이다. 아무런 의식의 변화 없이 단순히 연장된 삶을 누린다면, 당신은 좀 더 오래 사는 게 아니라 좀 더 오랜 기간에 걸쳐 죽는 것이다. 오늘날 50대 이후 은퇴자들은 젊은이도 아니고 늙은이도 아닌 애매한 시점에 놓인 가운데 정체성 위기에 직면하고 있다. 사회가 고령자들이 겪고 있는 문제들에 대해 해답을 내놓고 있지 않은 상황에서, 그들은 매일 같이 이렇게 자문하고 있다. '앞으로도 30년 이상 남은 삶에서, 내가 할 수 있는 일은 무엇일까?' 여가 시간과 가족만을 의미했던 이제까지의 은퇴 후 삶에서 새로운 관점에서 인생 16만 시간을 재조명해야 한다.

2020 하나금융 행복연구센터의 연구 결과에 의하면 우리나라 직장인들의 10명 중 7명은 만 54세 이전에 퇴직한다. 100세까지 산다고 했을 때 남은 후반전은 무엇을 하며 살지를 고민해야 한다는 뜻이다. 서울대학교 소비트렌드분석센터에 따르면 대한민국 40~50대 퇴직자 중 여전히 '워커홀릭'형이 많은데, 직장에서 나왔다 하더라도 꾸준히 자신의 경험, 지식을 발휘하며 성취감, 존중감, 재미를 얻는 것이 어떠한 물질적 보상보다 가치 있다고 느끼는 사람들이 많다는 것을 의미한다.

은퇴 후 16만 시간은 '돈을 벌기 위한 16만 시간'이 아니라 '내 꿈을 위해 일해야 할 16만 시간'으로 정의된다. 다시 말해 '나를 위한 시간, 나의 가치와 의미를 탐색하는 시간, 사회에 기여할 수 있는 가치 있는 일에 도전하는 시간'이다. 그러나 평생 일을 중심으로 일상을 보내온 대부분의 사람들이 은퇴 후에 시간 활용에 어려움을 경험하게 된다. 그러나 은퇴 후에 쓸 수 있는 자유 시간이 16만 시간 또는 20만 시간이라고 하는데 '1만 시간의 법칙'을 적용해서 특정 분야의 전문가가 될 수 있다.

그러기 위해서는 하루의 시간표에 배움의 시간을 반드시 넣어야 한다. 학교 'School'의 어원은 희랍어 'Scole'이다. Scole은 여가를 뜻한다. 배우는 것이 여가활동이고 여가 시간에 배우라는 뜻이 들어 있다. 우리나라 60세 이상 은퇴자들이 TV 시청에 쓰는 시간이 하루 평균 3시간 27분이다. 이 수치가 시사하는 바는 크다. 직장에 다니거나 생업과 관련한 활동을 할 때는 이 시간이 온전히 일하는 데 사용됐지만 은퇴를 하고 나면 자유 시간이된다. 60세에 은퇴하고 기대 수명을 80세로 가정한다면 이 자유시간이 8만 시간이 생긴다. 만약 100세 시대로 계산한다면 그 두배인 16만 시간까지 늘어나게 되는 것이다.

은퇴 이후의 여가 시간은 현역시절의 여가와 의미가 다를 뿐만 아니라 중요도에 있어서도 차이가 난다. 현역시절에는 일상생활의 대부분을 직장생활 등으로 바쁘게 지내기 때문에 여가 시간은 일로부터 해방되는 짧은 즐거움일 뿐이다. 하지만 은퇴한 이후에는 일상생활 자체가 곧 여가생활이라고 할 정도로 많은 비중을 차지하게 된다. 따라서 여가 시간을 어떻게 보내느냐는 인생후반전의 행복과 직결된다고 할 수 있다.

그래서 16만 시간을 어떻게 효과적으로 계획하고 사용하는가 하는 것이 인생후반전 삶의 질과 가치를 결정한다. 목적 없는시간 보내기용 여가활동은 금세 지루해진다. 그러므로 예전부터하고 싶었던 일, 잘할 수 있는 일부터 먼저 생각하고 일회성에 그치지 않고 지속적으로 해나갈 동기와 계기를 만드는 것이 가장중요하다. 전반전에 쉴 틈 없이 스스로를 몰아붙이는 삶을 살았다면 정년 이후 후반전에는 축적된 경험과 연륜을 의미 있는 일에 사용해야 한다. 그러기 위해서는 시간 활용을 잘해야 하는데,사람들은 보통 일상생활에서 일정한 패턴을 가지고 있다.

야구에서는 이 패턴을 '루틴'이라고 부르는데, 세계에서 가장 뛰어난 야구선수들이 모이는 메이저리그의 선수들도 저마다 자기 방식대로 이 루틴을 갖고 있다. 이제 자신에게 맞는 루틴한 일상을 정하는 것이 필요하다. 의식적으로 기상 시간을 일정하게 맞추고, 일어나서 가장 먼저 하는 일이나 오전과 오후에 처리해야 할 일 등에 절차적인 패턴을 만들면 된다. 이렇게 하면 해야 할 일이 명확해지고 시간 배분도 원활해진다. 루틴이 정해지면 갑작스러운 일정들로 리듬이 틀어지더라도 빠른 시간 내에 원래대로 돌아올 수 있다. 시간 배분에 대한 고민이 줄어들면 좀 더 효율적으로 시간을 사용할 수 있다.

하루 24시간 가운데 먼저 개인생활에 필요한 시간을 제한다. 수면 8시간, 식사 3시간, 개인 유지 활동 2시간. 이렇게 총 13시간을 빼고 나면 11시간의 여유 시간이 생긴다. 여가활동은 인생 후반전의 모든 면에 영향을 미친다. 우선 여가 시간에 이뤄지는 여러 가지 신체적 활동은 건강을 지키는 데 기여한다. 운동과 같은 신체적 여가활동은 은퇴 이후의 삶을 건강하게 만들어준다. 그리고 자원봉사와 같은 여가활동은 자신이 타인에게 필요한 존재라는 확신을 갖게 해준다. 적지 않은 은퇴자들이 컴퓨터나 제과·제빵 요리와 같은 자기 개발이 가능한 여가활동을 통해 자신의 취미를 개발하고 기술을 습득해 나간다.

여가 시간을 활용해 각종 교육 프로그램에 참여하다가 결국

16만 시간의 기적

취업으로 연결되어 경제적 소득원이 되는 사례도 많다. 여가를 잘 활용하면 은퇴 이후에 다가올 고독감이나 고립감을 해소할 수 있을 뿐만 아니라 남은 삶을 의미 있게 설계할 수도 있다. 따라서 은퇴자들은 신체적 여가활동, 자아실현적 여가활동, 사회 참여 및 자원봉사, 능력 개발 등을 통해 후반전에 필요한 심신의 건강을 유지하고, 보람 있고 생산적인 활동을 해나가야 한다.

66

"반복적으로 무엇을 하느냐가 우리를 결정한다.
그렇다면 탁월함은 '행위'가 아닌 '습관'이다."

−아리스토텔레스−

99

퇴직은 있어도
은퇴는 없다

사회적 의미에서의 은퇴 개념도 점차 변하고 있다. 불과 얼마 전까지만 하더라도 50대 초반의 나이에 현금을 싸 들고 한가로운 전원생활을 즐기겠노라고 말하는 남자의 삶은 꽤 성공적으로 보였지만, 이제는 바보 같은 생각으로 받아들여질 정도가 되었다. 명예로운 은퇴가 사회적 지위의 표시라는 생각은 이미 오래전 일이 되었다. 이제 꽤 많은 사람들이 무위도식하는 후반생보다는 일에서 행복을 찾고, 일에서 자신의 존재감을 확인하고 싶어 한다.

인생후반전 16만 시간의 도전은 현재진행형의 과제인데, 오늘날의 60대들은 과거에 40대에 버금갈 만큼 정신적으로 육체적으로 건강하다. 세계보건기구의 조사에 따르면, 2000년대에 미국에서 태어나는 어린이가 50세가 될 때인 2050년대에 100세까지 살 확률은 50% 이상이라고 예측했다. 과학자들은 2070년에 이르면 미국 여성의 평균 수명 기대치가 100세를 넘을 것이라 말한다.

지미 카터 전 대통령이 그런 인물이다. 그는 미국의 전직 대통령으로서가 아니라 그 직에서 물러난 후에 이뤄낸 업적으로 더 오래 기억되는 사람이다. 지미 카터는 세계의 분쟁 당사자들 사이에 끼어들어 의견 차이를 좁히고, 평화를 진전시키고, 다른 사람을 위해 봉사함으로써 노화에 대한 인식에 혁명을 일으킨 대표적인 인물이다. 이제 많은 사람들이 은퇴를 반평생 해온 일을 끝내는 종착역으로 보지 않고 새로운 목표를 세우고 새로운 활동을 시작하는 출발점으로 여겨야 한다.

그래서 "인생에 정년은 있어도 은퇴는 없다."는 것이다. 즉, 정년과 은퇴를 잘 구분하는 것이 필요하다는 것을 말한다. 은퇴는 늙었기 때문에 일어나는 일이 아니라 생애에 걸쳐서 일어나는 하나의 과정이다. 은퇴는 자신의 주된 일터에서 물러나는 것일 뿐이다. 다만, 사람들이 젊어서 은퇴하는 것은 아무렇지 않게 여기면서 나이 들어 은퇴하는 것을 단어조차 받아들이지 않으려는 것은 그것을 마지막이라 스스로 생각하기 때문일 것이다.

정년은 '현직에서 물러나도록 정해진 나이'의 의미가 있고, 은퇴(隱退)는 '사회 활동에서 손을 떼고 한가히 지냄'으로 정의하고 있다. 그러나 영어로 은퇴를 뜻하는 '리타이어(Retire)'는 타이어를 갈아 끼우는 '리타이어(Re-tire)'인데, 인생의 타이어를 다시 바꾸어 새 타이어를 갈아 끼우는 것으로 재해석될 수 있다. 다시 말해 쉰다기보다는 '새로운 길을 달리기 위한 준비'라고 생각하면 더욱 은퇴를 긍정적으로 볼 수 있다. 영국의 역사인구학자인 피터 라슬렛(Peter Laslett)은 건강한 은퇴자들이 대거 몰려나오는 현상을 관찰하고, 은퇴 후 건강한 생애단계를 '제3기 인생', 즉 연장전까지 뛰는 시기라고 부를 것을 제안했다.

그러므로 은퇴는 A에서 B로 옮겨가는 과정이다. 여러 번 있을 수도 있고 두세 번에 그칠 수도 있다. 나이와도 관계없다. 삶의 종료도 아니다. 은퇴는 전반전을 끝내고 후반전을 준비하는 삶의 과정이다. 타이어를 갈아 끼웠으니(Re-tire) 좀 더 힘 있게 후반전을 달려보자는 것이다. 아직 은퇴가 멀리 있는 사람도 은퇴 후의 삶에 대해서 미리 준비하면 된다. 100세를 살아가는 시대가 되었으니, 아직도 할 일이 많다. 예전에는 퇴직 후 다양한 여가활동이나 취미생활을 하는 것이 일반적이었지만, 이제는 일을 계속하려는 사람이 점점 늘고 있다. 50~60세 사이에 퇴직을 하면 남아 있는 30~40년을 무의미하게 보내는 기간이 너무 길다.

서울대학교 정년 퇴임식에 은퇴하는 27명을 대표해 연단에 오른 김기석 교육학과 교수가 말했다. "리타이어(Retire)는 은퇴가 아니에요. 바퀴를 갈아 끼우는 '리(Re)-타이어(Tire)'입니다. 대학에서 수십 년 일하며 얻은 지식과 경험, 노하우로 새로운 영역을 개척하고 봉사하는 거예요. 이제 우리는 달리기만 하면 됩니다." 그는 말하기를 "인생후반기에 우리는 신참 교수, 새 타 교수(새 타이어 같은 교수)."라고 했다. 그는 이날 은퇴하지 않았다. "한국도 원조를 받아 성장했으니 교육으로 빈곤을 퇴치하고 싶다."며 아프리카로 달려갔다.

1인당 GDP 700달러에 남녀 차별이 극심한 부르키나파소(Burkina Faso). 1950년대 말 한국처럼 가난한 그 나라에서 글과 셈, 농업 기술을 가르쳤다. 그는 "은퇴자들을 모십니다. 전문가가 퇴임하고 등산 다니고 술이나 마시는 게 안타까워요. 은퇴 이후는 긴 시간입니다. 부르키나파소에서 재능을 기부하며 보람찬 인생 후반전을 여는 겁니다. 그곳에 뿌리를 내리고 사업에 도전할 수도 있고요. 바퀴를 바꿔 달 준비 없이는 못 해요." 그는 영어 공부든 뭐든 최소한 60세부터는 시작하라고 말한다. "예열을 해둬야 퇴직하자마자 시동을 걸 수 있어요."라고 했다. 그는 은퇴가 아닌 퇴직 후 새로운 후반전을 살아가는 롤모델이 되었다.

정년퇴직을 앞둔 또 다른 사람은 자신의 후반전을 '551005'라는 숫자로 설명한다. 55세에 은퇴하고, 이후 10년 동안 어려운 환경의 아이들에게 영어(05)를 가르치고 싶다는 멋진 계획을 한 것이다. 정말 인생의 후반전이 더 멋지고 기대되지 않는가? 정년의 3가지의 개념이 있는데, 첫 번째, 보통 법적인 정년이 있다.

60세 또는 65세와 같이 정해진 법적인 정년이 있다. 두 번째, 법적인 정년을 다하고도 자기의 건강상태에 따라 몇 세까지는 일하겠다고 스스로 자신이 정하는 정년이 있다. 그리고 마지막 정년은 죽을 때까지 자신이 목표를 이루기 위해 정하는 사명정년이 있다. 당신은 어떤 정년을 맞이하고 있는가? 첫 번째 정년인 법적인 정년을 앞두고 있는 사람들이 많은데 우리에게는 앞으로 두 번째와 세 번째의 정년이 남아 있다는 것이 중요하다.

"

은퇴의 4가지 유형

. . . . . .

- 여가생활형 – 휴가지에서 생활하며, 여행 등 취미생활을 즐기는데 사회 활동이나 자기 개발에는 무관심한 유형
- 탐험가형 – 사회 활동, 자원봉사 등에 다양하게 참여하는 유형
- 근심형 – 매일을 걱정하면서 생활하는 유형
- 환자형 – 만성질환을 앓고 미래에 대한 흥미나 생활만족도가 낮은 유형

"

16만 시간의 기적

좋은 팀의
일원이 되라

　베이비붐(Baby boom) 세대의 이름에 붐(Boom)이라는 단어를 붙인 이유는 이 시기에 태어난 동년배들의 수가 엄청나게 많기 때문이다. 1950년대 초까지 우리나라에선 매년 40~60만 명의 아이들이 태어났다. 그러나 한국전쟁이 끝난 후 9년간 이 수가 갑자기 80~110만 명으로 급증했다. 베이비붐이라는 이름이 붙을만하다. 정년을 목전에 둔 베이비부머들은 이런 사회 · 생물학적 위험을 극복하고 살아남은 위대한 생존자들이다. 그런데 이들에게 인생의 후반전에 가장 중요한 것은 후반전을 함께할 수 있는 공동체와 사람들이 있는가 하는 것이다. 정년 이후 '관계 빈곤'에서 벗어날 수 있기 위해서는 후반전을 함께 뛸 수 있는 팀을 만드는 것이 중요하다.

　아프리카 속담에 "빨리 가려면 혼자 가고 멀리 가려면 함께 가라."라는 말이 있다. 멀고 험난한 인생길, 주변의 많은 사람들과 아름다운 동행을 하는 삶을 통해 더 많은 사람들이 행복하고, 더 멀리 갈 수 있기 때문이다. 사람을 한자로 인간(人間)이라 부른다. '人'은 서로 기대는 존재임을 '間'은 '사이'를 뜻하는 것으로 사람은 홀로 사는 존재가 아니라 인생의 여정을 함께 더불어 동행해야 함을 가르쳐준다. 인생은 태어나는 순간부터 이 세상의 여정을 마칠 때까지 혼자가 아니라 함께해야만 한다. 혼자 간다면 빨리 갈 수는 있을지 몰라도 그건 잠시이고 오래 그리고 멀리 가려면 함께 가야 할 후반전의 팀을 이루어야 한다. 그들과 함께 가면 고난도 이겨내고 좌절도 극복할 수 있다. 혼자보다는 좋은 사람들과 조화를 이루면서 상생(Win-win)하는 관계를 만들어가야 한다.

함께 동행할 팀이 생기면 그때부터는 후반전을 향해 보다 의미심장한 발걸음을 옮겨야 할 시간이다. 우리 모두는 삶의 중요한 순간에 타인이 우리에게 베풀어준 것으로 인해 정신적으로 건강하게 살아갈 수 있다. 혼자서 애를 쓰는 것보다 둘이서 함께하는 것이 낫다. 넘어지면 일으켜줄 사람이 있어 좋다. 외톨이는 넘어져도 일으켜줄 사람이 없어 보기에도 딱하다. 세 겹으로 줄을 꼬면 쉽게 끊어지지 않는 법이다. 그래서 후반전 인생을 위한 팀을 구성해야 한다. 팀의 아름다움을 극명하게 보여주는 대표적인 사례를 우리는 철새들의 세계에서 찾아볼 수 있다. 그중에서도 기러기는 우리들에게 많은 것을 시사한다.

기러기들이 얻는 힘은 물리적인 71%라는 부력만은 아니라고 한다. 한 마리의 기러기가 잠시 감각을 잃고 대오를 벗어나면 잃어버린 부력으로 인해 즉시 힘이 떨어지는 것을 느끼기 때문에 앞을 나는 새의 부력을 받기 위해 대오로 되돌아오는 것이다. V자의 앞에서 날고 있는 새가 방향을 잡고 대오를 이끄는 리더이다. 그런데 그 새는 앞에서 만들어주는 부력이 없으므로 자연 쉽게 지치기 마련이다. 맨 앞의 새가 지치면 맨 뒤로 가고 자연스럽게 한 줄씩 자리를 바꾸어 리더 역할을 하면서 비행을 계속한다.

또 맨 앞에서 나는 새의 속도가 조금씩 떨어지면, 그에게 격려를 해주고 경각심을 불러주기 위해서 '꺼억꺼억' 소리를 낸다고 한다. 새들이 이처럼 항상 무리 지어 다니는 것은 혼자가 아니라는 안정감으로 인해 혼자 날 때보다 70%가량 더 오래 날 수 있기 때문이다. 더 흥미로운 것은 이 기러기들이 사용하는 언어에는 언제나 긍정과 응원의 힘이 서려 있다는 점이다.

"그래, 잘하고 있어. 조금만 더 가면 되니까, 힘내! 네 옆엔 우리가 있잖아." 이처럼 그들은 서로를 격려하고 배려하면서 살아간다.

새들에게서 발견되는 또 하나의 놀라운 일은 어느 한 마리가 아프거나 상처를 입게 되어 대오에서 떨어져 나가게 되면 다른 두 마리가 그 새를 따라 함께 내려앉는다는 점이다. 낙오된 그 동료를 도와주고 보호해주기 위해서다. 그래서 그 새가 다시 날 수 있게 되거나 죽을 때까지 그들은 함께 머물러 준다고 한다. 그 기간이 빠르면 원래의 대오로 따라붙게 되지만, 기간이 늦어지면 다른 대오를 만나 합류하게 된다. 이렇듯 철새들은 혼자 날아서는 불가능한 일을 그룹을 지어 함께 날면서 공동의 힘을 극대화시킴으로써 자신들의 목적지에 도달하는 것이다.

우리의 인생 16만 시간도 이런 격려와 자극과 협력이 필요하기는 마찬가지다. 앞에 서서 다수를 이끄는 사람에게 힘을 주기 위해서는 따뜻한 격려와 조언을 아끼지 말아야 할 것이다. 다른 사람을 눌러야 내가 살아남는다는 이기적 발상은 버려야 한다. 앨버트 슈바이처(Albert Schweitzer)는 말하기를 "우리 모두는 삶의 중요한 순간에 타인이 우리에게 베풀어준 것으로 인해 정신적으로 건강하게 살아갈 수 있다."라고 했다. 내가 성공하기 위해서는 먼저 내 주변 사람들이 성공의 대열에 올라설 수 있도록 적극 도와야 한다.

이것이 더불어 함께 성공하는 후반전의 팀 정신이다. 당신에게 팀이 생기면 그때부터는 후반전을 향해 보다 의미심장한 발걸음을 옮겨갈 수 있다. 그렇게 후반전에 함께 뛸 팀원이 되었다면 당신은 그라운드 위에서 새롭고 완전한 모습으로 달려갈 수 있을 것이다. "독수리가 되고 싶다면 독수리 떼와 함께 날아라."라는 말이 있다. 인생의 여정에 누구를 만나는가 하는 것은 매우 중요한 문제다. 누구도 스스로 성공한 사람은 없다.

당신에게 인생에 필요한 7명의 친구가 필요하다. '믿고 의논할 수 있는 든든한 선배', '무엇을 하자 해도 믿고 따라오는 후배', '쓴소리도 마다하지 않는 냉철한 친구', '여행하기 좋은 먼 곳에 사는 친구', '어떤 상황에서도 내 편인 친구', '언제라도 불러낼 수 있는 마음 편한 친구', '추억을 많이 공유한 오래된 친구'가 필요하다. 당신은 이러한 친구가 있는가?

"

인간관계의 5가지 법칙

· · · · · ·

1. 751의 법칙

평균적으로 새로운 사람 70명을 만나면 1명과 친한 관계가 되고, 5명 정도의 사람과 알고 지내는 관계가 된다.

2. 369의 법칙

인간관계는 3번 정도 만나야 잊히지 않고, 6번 정도 만나야 마음의 문이 열리고, 9번 정도 만나야 친근감이 느껴지기 시작한다.

3. 248의 법칙

2개를 받고 싶으면 4개를 주어야 하고, 4개를 받고 싶으면 8개를 주어야 한다.

4. 114의 법칙

첫째, 내 이야기를 1분 정도 한다. 둘째, 상대방에게 1분 정도 질문을 건넨다. 셋째, 상대방의 이야기에 4분 정도 경청한다.

5. 911의 법칙

신뢰는 형성되기는 어려워도 깨지기는 매우 쉽다. 9번을 잘했으면 그다음 1번도, 또 그다음 1번째도 잘해야 한다.

(휴먼네트워크연구소)

"

부부생활
시즌 2를 계획하라

    정년 이후 가장 많은 시간을 보내는 곳은 가정이다. 그런데 한국의 중년남성은 죽도록 일만 했는데, 정년퇴직의 시점에 와서 보니 마음을 나눌 사람도 없고 그렇다고 아내나 아이들과 대화가 원활하지도 못하다. 부부는 정서적 대화를 나눠본 적이 없으니 대화를 하려 해도 잘되지 않는다. 그래서 어느 기관에서 아내들을 대상으로 정년을 맞이한 남편과 사는 것에 대해 어떻게 생각하는가를 설문한 결과 "아내 72%가 나이 들어가는 남편이 부담스럽다."고 답했다. 왜! 아내들은 나이 들어가는 남편이 부담스럽다고 답했을까? 이유는 함께하는 시간은 많아지는데 대화도 어렵고 소통이 되지 않기 때문이다. 그래서 정년퇴직과 동시에 부부관계에 큰 위기를 맞는 사람들이 많다.

    실제로 은퇴 남편 증후군은 은퇴한 남편 때문에 과도한 스트레스를 겪는 아내의 증후군을 일컫는 말이다. 일본에서 처음 보고됐는데, 일본어 진단명은 주인재택증후군(主人在宅症候群)이라고 한다. 남편이 집에 있을 때 찾아오는 스트레스 증후군을 말하는데, 남편 은퇴 후 찾아오는 아내의 화병이며 우울증은 마음뿐 아니라 신체 증상도 유발하거나 악화시킨다고 한다. 일본의 의사이자 저자인 '호사카 타카시'가 발간한 『아직도 상사인 줄 아는 남편, 그런 꼴 못 보는 아내』라는 제목의 책이 있다. 제목에서도 알 수 있듯이 직장에서 돌아온 남편, 그 남편을 맞이하는 아내의 부부의 소통과 삶의 방식의 충돌을 의식하고 노력하지 않으면 감정 소통 통로가 막혀 서로 짜증 유발자가 된다는 것이다.

특별히 정년 이후 남성의 관계 빈곤은 삶의 위기를 가져오는 경우가 많다. 현직에 있을 때 많던 친구들은 다 어디 갔을까? 많은 사람들이 자신의 퇴사를 뼈저리게 후회하기 시작한다. 회사를 그만둬서가 아니라 도무지 할 것이 없다. 만날 친구도 없고, 딱히 즐길 취미도 없다. 막연히 '회사 그만두고 실컷 놀아봐야지.' 했지만 놀거리도 없다. 제대로 놀아본 적이 없기 때문에 자신이 뭘 좋아하는지조차 모른다. 많은 남성들이 '회사인간'으로만 살아왔기 때문이다. 정년을 맞아 집으로 돌아왔지만 대부분의 정년퇴직자들은 등산이나 산책, 취미활동에 시간을 쏟아붓는 것 외에는 별다른 계획이 없다. 그래서 집에서 삼시 세끼를 다 먹는 남편들도 있는데 그렇게 몇 달이 지나면 부부 사이에 권태와 불화가 고개를 든다. 그래서 배우자와 대화도 안 되고 자신의 일도 없는 남편에 관한 유머가 있을 정도이다. 은퇴 후 집에서 하루 한 끼도 안 먹는 남편을 '영식님'이라고 하고, 하루에 한 끼 먹는 남편 '일식 씨', 두 끼 먹는 남편을 '두식 군'이라고 하고, 세끼를 꼬박꼬박 챙 겨 먹는다면 '삼시 세끼'라고 하고 세 끼를 다 먹고 간식까지 먹는 남편을 '간나 세끼' 마지막으로 간식 먹고 야식까지 먹으면 '종간 나 세끼'라는 말도 생겼다.

이 유머는 무엇을 말하는가? 정년 이후 자신의 일과 가족과 부부의 소통이 없다면 이렇게 된다는 것을 말하는 것이다. 한국 보다 '은퇴 남편 증후군'을 한발 먼저 겪은 일본에서는 관련 서적 이 수두룩하다. 『더 늦기 전에 아내가 꼭 알아야 할 은퇴 남편 유 쾌하게 길들이기』, 『갈 곳이 없는 남자, 시간이 없는 여자』라는 책 에서도 관계 빈곤에 시달리는 남자와 시간 빈곤에 시달리는 여성 을 대비해 다룬다. 남성은 나이가 들수록 관계 빈곤에 시달린다. 관계 네트워크를 통해 탄탄한 인맥을 다져놓은 아내는 남편의 은 퇴를 계기로 집에서 벗어나 새로운 활동을 시작하고 싶어 한다. 친구들과 노래, 운동 동아리를 만들거나 여행모임을 만들어서 억 눌러왔던 대외활동을 시작한다. 한마디로 '푹 쉬고 싶은 남자와 훌쩍 떠나고 싶은 여자가 한집에 산다.'는 것이다. 인생후반전 긴 인생의 여정을 누구보다 함께 보내야 하는 부부는 가족과의 친밀 감을 갖는 대화법을 미리 배우고 실천해 보아야 하고 서로의 꿈 에 대해 계속 대화를 해야 한다. 노년기에 무엇을 성취하고 싶은 지, 시도해보고 싶은 변화가 얼마나 많은지 이야기해야 한다. 상대방의 생각을 어느 정도 받아들여 무엇이 각자 나눠서 해야 할 일인지, 무엇이 함께 노력해야 할 것인지를 나누어야 한다.

그런 의미에서 정년과 은퇴 이후에는 부부 중심의 삶을 살아야 한다. 인생의 후반전이 되면 자녀들이 우리 곁을 떠나고 심리학자들이 말하는 '빈 둥지 증후군'(Empty nest syndrome)이라는 상황에 처하게 되기 때문에 자녀에게 지나치게 집착하고 자녀 중심의 삶을 살아온 사람들은 당황하게 된다. 가정의 기본단위는 부부이지 자녀가 아니라는 사실을 기억해야 한다. 자식들에게 잘해주는 것보다 훨씬 더 중요한 것은 부부가 행복하고 아름답게 인생을 살아가는 모범을 보이는 것이다. 자녀에게 이보다 더 아름다운 유산은 없기 때문이다. 결론적으로 부부생활 시즌 2를 계획해야 한다. 은퇴 이후 최고의 친구는 배우자이기 때문이다.

"

부부 체크 포인트

· · · · · ·

다음은 부부간의 대화를 가로막는 10가지 유형이다.

혹시 자신에게 해당되는 유형은 없는지 체크해보자.

1. 대화 회피형: 배우자가 이야기를 하려는데 그냥 방을 나가거나 잠을 자거나 바쁜 척하는 유형.

2. 마음 파악형: 상대방이 이야기하는 동안 귀 기울여 듣지 않

고 이미 상대의 마음을 다 알고 있다는 듯한 태도를 취하는 유형.

3. 사소한 일로 괴롭히는 형: 일부러 양말을 아무 데나 벗어놓는 식으로, 자기 불만을 솔직히 표현하는 대신 배우자의 신경을 건드리는 유형.

4. 애정만을 주장하는 형: "우리가 정말 사랑한다면 이런 게 뭐가 문제야."라는 식으로 사랑이 만사를 해결해 준다고 주장하는 유형.

5. 죄의식을 일으키는 형: "제 걱정은 마세요."라고 말하며 긴 한숨을 쉬는 식으로, 자기가 원하는 것을 솔직히 말하는 대신 상대방에게 죄의식을 던져주는 유형.

6. 덫을 놓는 형: 괜찮으니 솔직하게 이야기해 보라고 한 뒤, 배우자가 솔직히 말하면 화를 내며 그 내용을 부인하는 유형.

7. 보따리 메고 다니는 형: 화가 났을 당시에는 표현을 전혀 하지 않고 차곡차곡 보따리에 쌓아두었다가 한꺼번에 마구 퍼붓는 유형.

8. 농담형: 심각한 이야기를 피하고 농담으로 되받는 유형.

9. 비위만 맞추는 형: 상대의 비난과 배척을 견디지 못하고 무조건 배우자를 기쁘게 해주려고 드는 유형.

(자료 : 삼성경제연구소 SERL.org)

99

·진단지·

사랑의 5가지 언어 테스트

- 이 설문은 귀하의 사랑의 언어를 알기 위한 것입니다.
- 총 30개의 문항으로 구성되어 있습니다(총 소요시간 15~30분).
- 각 쌍의 질문 중 귀하께서 바라시는 것을 잘 나타내는 것 하나를 선택하십시오.
- 선택을 다 마친 후 각 항목의 개수를 합산하시면 귀하의 사랑의 언어를 확인할 수 있습니다.

번호	문항	타입
1	나는 배우자가 사랑의 편지를 주면 마음이 흐뭇해진다.	A
	나는 배우자가 포옹해 주는 것이 좋다.	E
2	나는 배우자와 단 둘이 있는 것이 좋다.	B
	나는 배우자가 나의 일을 도와줄 때 사랑을 느낀다.	D
3	나는 배우자가 특별한 선물을 줄 때 기분이 좋다.	C
	나는 배우자와 함께 여행하는 것이 좋다.	B
4	나는 배우자가 빨래를 해줄 때 사랑을 느낀다.	D
	나는 배우자가 나에게 스킨십할 때 기분이 좋다.	E
5	나는 배우자가 팔로 나를 안을 때 사랑을 느낀다.	E
	나는 배우자의 깜짝 선물을 통해 사랑을 확인한다.	C

6	나는 배우자와 함께라면 어디를 가도 좋다.	B
	나는 배우자의 손을 잡는 것이 좋다.	E
7	나는 배우자가 주는 선물을 소중히 여긴다.	C
	나는 배우자로부터 사랑한다는 말을 듣는 것이 좋다.	A
8	나는 배우자가 내 가까이 앉는 것이 좋다.	E
	나는 배우자가 나를 멋있다고 하는 말이 기분이 좋다.	A
9	나는 배우자와 같이 있는 시간이 즐겁다.	B
	나는 작더라도 배우자가 주는 선물이 좋다.	C
10	나는 배우자가 나를 자랑스럽게 여긴다고 할 때 사랑을 느낀다.	A
	나는 배우자가 나를 위해 음식을 준비할 때 사랑을 느낀다.	D
11	나는 배우자와 함께 하는 일이면 뭐든지 좋다.	B
	나는 배우자가 나를 지지하는 말을 하면 기분이 좋다.	A
12	나는 배우자가 작은 것이라도 말보다는 행동으로 해주는 것이 더 좋다.	D
	나는 배우자와 포옹하기를 좋아한다.	E
13	나는 배우자의 칭찬이 나에게는 아주 중요하다.	A
	배우자로부터 내가 좋아하는 선물을 받는 것이 아주 중요하다.	C
14	나는 배우자 곁에 있는 것만으로도 기분이 좋다.	B
	나는 배우자가 등을 긁어 주는 것이 좋다.	E
15	내가 한 일을 배우자가 인정하면 힘이 난다.	A
	배우자 자신은 좋아하지 않는 일을 나를 위해 하는 것은 의미가 크다.	D

번호	문항	타입
16	나는 배우자의 키스가 싫은 적이 없다.	E
	내가 좋아하는 일에 배우자가 관심을 가지면 기분이 좋다.	B
17	배우자가 내가 하는 일을 돕는 것이 중요하다.	D
	배우자가 준 선물을 받아 볼 때 기분이 좋다.	C
18	배우자가 나의 외모를 칭찬하면 기분이 좋다.	A
	배우자가 내 생각을 귀 기울여 듣고 비판하지 않는 것이 좋다.	B
19	배우자가 가까이 있으면 꼭 만지고 싶다.	E
	가끔씩 배우자가 내 심부름을 해주는 것이 고맙다.	D
20	배우자가 나를 도와주는 것은 모두 상을 받아야 마땅하다.	D
	배우자가 얼마나 생각 깊은 선물을 하는지 가끔씩 놀란다.	C
21	나는 배우자가 나에게 전적으로 집중해 주는 것이 고맙다.	B
	집안 청소를 잘 하는 것은 중요한 봉사 행위다.	D
22	나는 배우자가 줄 생일 선물이 기대된다.	C
	내가 소중하다는 배우자의 말은 늘 들어도 지겹지 않다.	A
23	배우자는 내게 선물로 자신의 사랑을 보여 준다.	C
	배우자는 집에서 나의 일을 도와줌으로 사랑을 표현한다.	D
24	배우자는 내 말을 끊지 않는데 나는 그것이 좋다.	B
	나는 배우자의 선물이 싫증나지 않는다.	C
25	내가 피곤한 것을 알고 도와주겠다고 하는 배우자가 고맙다.	D
	어디를 가든 배우자와 함께 하면 나는 좋다.	B
26	나는 배우자와 부부 관계하는 것을 좋아한다.	E
	나는 배우자의 깜짝 선물을 좋아한다.	C
27	나는 배우자의 격려하는 말을 들으면 힘이 난다.	A
	배우자와 함께 영화 보는 것이 나는 좋다.	B

28	배우자가 주는 선물보다 더 좋은 선물은 없다.	C
	내 배우자에게서 손을 떼는 것이 힘들다.	E
29	배우자가 바쁜데도 나를 돕는 것이 내게는 큰 의미가 있다.	D
	배우자가 나에게 감사하다고 말하면 나는 기분이 아주 좋다.	A
30	배우자와 잠시 떨어져 있다가 다시 만나 포옹(키스)하는 것이 좋다.	E
	배우자가 나를 믿는다는 말을 하면 기분이 좋다.	A

자신이 체크한 곳의 알파벳이 각각 몇 개인지 세어보세요. 가장 많이 나온 숫자가 당신의 사랑의 언어입니다.

A-인정하는 말	
B-함께하는 시간	
C-선물	
D-봉사	
E-스킨십	

내 '일'을 위한
인생설계를 하라

활기찬 인생을 살아가는 신중년층을 '오팔세대'라 부른다. 오팔세대는 새로운 일자리에 도전하고, 활발한 여가생활을 즐기며, 모바일 활용능력이 높아 SNS를 활발하게 사용하는 50·60세대의 새로운 이름이다. 사람의 인생을 24시간에 비유한다면 우리는 지금 몇 시쯤을 살고 있을까? 100세 시대에 25세는 오전 6시로 하루를 준비하는 시간이다. 30세는 오전 7시 10분, 40세는 오전 9시 40분, 50세는 낮 12시, 정년퇴직 연령인 60세는 오후 2시 25분이다. 100세 시대에는 60세에 정년퇴직을 해도 오후 2시 25분에 퇴직하는 것이다.

IMF 구제금융 사태 이전까지 직장은 '평생직장'이었다. 인생은 큰 변고가 없다면 20대 후반에 시작한 일을 정년퇴직 때까지 계속하다가 은퇴 후 조용하고 편안한 여생을 보내는 것이었다.

하지만 '평생직장은 끝나고 평생직업만이 있는' 세상이 왔다. 이러한 현실 앞에서 많은 사람들이 "오로지 앞만 보고 내달려 왔건만, 인생의 가파른 고비에서 이정표가 갑자기 사라진 것이다. 앞길은 온통 오리무중이며 가속의 페달을 밟을 수도 없고 그렇다고 속도를 늦출 수도 없다."고 『생애의 발견』이란 책에서 인생의 고비에 있는 사람들의 심정을 표현하고 있다. 앞만 보고 달려온 사람들은 직함이 화려해도 그것이 '빈껍데기'라는 점을 알게 되고 성공한 삶을 산 게 아니라는 사실을 인정하게 된다. 이제 후반전에는 하고 싶은 일을 찾아서 살아야 한다.

은퇴 개념도 점차 변하고 있다. 50대 초반의 나이에 그들은 일에서 행복을 찾고, 일에서 자신의 존재감을 확인하고 싶어 한다. 따라서 은퇴 후에는 일에서 소득 이외의 다른 목적을 발견하는 것이 은퇴생활의 만족도를 높일 수가 있다. 은퇴 이후에 계속 일하려는 이유는 돈을 벌기 위한 금전적인 원인 외에도 일하는 즐거움, 정신적·신체적 활력 유지, 사회적 유대관계 유지, 새로운 도전 등 다양하다. 50~60대에 새로운 일에 도전하려면 지식과 훈련이 필요하다. 선진국에서는 은퇴 후 재취업이 보편화 되면서 퇴직 후 학교를 1~2년 다니며 재충전을 하고 다시 일터로 복귀해 일하는 순환형 은퇴모델로 변하고 있다.

개인주의가 발달한 미국은 따로 또 같이 보내는 법을 일찌감치 훈련받고 혼자 있는 시간을 이겨내고 참아내는 법을 체득한다. 하지만 한국은 직장이라는 집단 속에서 평생을 살아가는 경우가 많았다. 그러다가 정년을 맞이하면 일을 통해 자존감을 유지하던 사람이 은퇴하면 심리적 균형이 무너져 버리면서 위기가 온다. 평소 가족이나 친구와 관계가 돈독한 사람이라면 '일'이라는 기둥 하나가 사라져도 버틸 수 있다. 하지만 '일'이 자존감의 원천인 사람은 자신의 일을 놓는 순간 존재감의 위기를 겪는다.

퇴사를 하면 아이들과 시간을 많이 보내고 싶었는데 이 또한 뜻대로 되지 않는다. 자녀들은 저마다 스케줄로 바쁘다. 대화를 하고 싶어 다가가면 "정작 아빠가 필요할 때는 없다가 왜 이제 와서 그러세요?"라며 귀찮다는 듯 꽁무니를 뺀다. 막상 직장을 그만두고 보니 연락할 친구가 없다. 친구가 먼저 연락을 해와도 겉도는 말만 하다가 황급히 전화를 끊어버리고 만다. 그러나 아직도 충만한 시간이 남아 있다. 퇴직 2~3년 전부터 본격적으로 자신을 위한 제2의 일자리를 준비해야 한다. 지금의 50~60대는 회사 퇴직 후 현역으로 일할 동안에는 도전할 수 없었던 가슴 설레는 인생후반전의 꿈에 도전할 수 있다.

또한 재취업, 창업, 귀농·귀촌, 사회공헌 등이 있다. 메릴린치 보고서에 의하면 일하는 미국 은퇴자들의 은퇴 후 일에 대한 만족도를 조사한 결과 봉사 추구자, 성취 추구자, 균형 추구자, 소득 추구자의 순으로 만족도가 높은 것으로 나타났다. 은퇴 후 사회와 공동체를 위해 봉사활동을 하면 삶의 만족도를 높일 수 있다. 중년이 되면 '성취지향적 삶'에서 '의미지향적 삶'으로 바

뀐다. 의미지향적 삶을 잘 살려면 길을 잘 헤쳐 간 선배들의 삶을 들여다볼 필요가 있다. 롤모델이 쓴 글과 인터뷰, 방송 등을 보고 인생후반전 하프타임을 갖고 내일을 위한 '내' '일'을 위한 인생설계를 해야 한다.

"

정년 이후 외롭지 않으려면

· · · · · ·

1. 자기 세계를 가져라.

2. 가족과의 시간에 투자하라.

3. 인생도 기획이 필요하다.

4. 젊게 살아라.

5. 거대담론 말고 스몰 토크(Small Talk)를 하라.

6. 부부관계, '머슴, 하녀'가 아닌 '남자, 여자'로.

7. '기능적 삶'에서 '존재적 삶'으로.

"

연장전까지
뛸 준비를 하라

인생은 전반전을 어떻게 살았느냐에 따라 후반전의 인생이 결정되고 후반전을 어떻게 살았느냐에 따라 연장전도 결정된다. 그래서 전반전보다 후반전이 좋아야 되고 후반전보다 연장전이 좋아야 한다. 우리의 인생을 운동경기에 비유하자면 태어나서 25살까지는 공식경기에 출전하기 전 연습기간이라고 할 수 있다. 그리고 26세부터 50세까지를 전반전(1st half) 그리고 51세부터 75세까지를 후반전(2nd half) 그렇다면 76세부터는 연장전이다.

축구경기에서 전반전이 끝나고 후반전으로 끝나지 않고 연장전까지 있음을 기억해야 한다. 그리고 추가 시간으로 주어지는 인저리타임(Injurytime)도 있다. 우리의 인생이 단순히 전반전에 실패하거나 실축했다고 인생이 끝난 것은 아니다. 하프타임 이후 후반전뿐만 아니라 승패를 가릴 수 있는 연장전과 인저리타임까지

16만 시간의 기적

뛸 수 있는 인생계획을 가져야 한다. 통계청에서도 현재 65세를 넘은 사람의 평균 수명이 83.5세라고 발표한 것을 보면, 인생 70은 옛말이고 인생 100세 시대가 온 것만은 분명해 보인다.

연장전까지 훌륭하게 살아가시는『100년을 살아보니』를 저술한 연세대학교 철학과 103세의 김형석 명예교수님은 인생후반기에 치열한 저작 활동과 일주일에 1회 이상을 아직도 강의하고 계시는 평생현역의 삶을 살아가고 있는데, 인생은 60부터라는 말이 맞습니까?라고 질문했다. "60은 돼야 성숙하고 창의적인 생각이 쏟아져 나옵니다. 그런데 '60에 어떻게 살까.'는 40대에 정해야 해요. 지금은 다 떠났지만 내 동년배인 안병욱 교수, 김태길 교수, 김수환 추기경도 60~75세까지 가장 창의적이고 찬란한 시기를 보냈어요. 좋은 책은 모두 그 시기에 썼지요. 75세가 되면 그 절정의 상태를 언제까지 유지할 수 있느냐가 관건이에요. 잘하면 85세까지 유지가 되고 그다음엔 육체적인 쇠락으로 내려와야지요." 교수님의 경우 60부터 시작된 절정이 40년 넘게 지속되고 있다. 결론적으로 인생은 80세가 최고의 절정기라는 말이다.

윌리엄 새들러 교수는 은퇴 이후의 30년을 'Hot Age'라 정의한다. 평생 쌓은 경험으로 지혜, 권위, 위엄, 존경받는 나이라는 뜻이다. 이렇게 부르는 이유는 이들을 연구해 보니, '6R'의 시간을 보내며 왕성하게 살더라는 것이다. 6R은 육체의 부활

(Renewal), 원기회복(Revitalization), 영적재생(Regeneration), 자아의 재발견 (Rediscovery), 회춘(Rejuvenation, Restoration), 인생의 방향 수정(Redirection) 을 꾀하는 것을 말한다. 또한 핫 에이지 (Hot Age)를 살고 있는 사람들의 공통점 6가지는 내가 원하는 진정한 삶이 무엇인가를, 잘 파악하고 있으며 정신적인 젊음을 유지하고 호기심, 웃음, 명랑함, 상상력을 잃지 않고 산다. 그리고 가족, 친척 이외에 더 많은 사람들과 교류하며 베푸는 데서 행복을 찾으며 산다.

유대계 미국 시인인 사무엘 울만은 일찍이 그의 유명한 시 「청춘(Youth)」에서 이렇게 노래했다. "청춘이란 인생의 어떤 기간이 아니라 마음의 상태를 말한다(Youth is not a time of life - It is a state of Mind). 때로는 20세 청년보다도 70세 노년에게 청춘이 있다. 나이를 더해가는 것만으로 사람은 늙지 않는다. 이상과 열정을 잃어버릴 때 비로소 늙는다." 96세로 타계한 세계적인 경영학자 피터 드러커는 타계 직전까지 강연과 집필을 계속했다. 아직도 공부하시냐고 묻는 젊은이들에게 "인간은 호기심을 잃는 순간 늙는다."는 유명한 말을 했다.

1973년에 96세로 타계한 금세기 최고의 첼리스트 파블로 카잘스는 93세 때 UN에서 조국 카탈루냐의 민요인 「새의 노래」를 연주하고 평화에 대한 연설을 하여 세계인들을 감격게 했다. 정신과 의사들은 말한다. "마음이 청춘이면 몸도 청춘이 된다." 경기에서 후반전에 승부가 나지 않으면 연장전을 치른다. 결국 승부를 가릴 때까지 경기는 계속되는 것이다. 인생은 어떠한가? 꿈을 이룰 때까지 인생의 경기는 계속된다. 은퇴는 없으며, 꿈을 이루는 데 필요한 시간표와 그 시간을 즐기며 자신의 페이스에 맞게 나아가는 도전이 있을 뿐이다.

"

50세가 넘어서야 이해되는 말 18가지

······

1. 인생은 운칠기삼. 운이 70%, 의지가 30%.

2. 인생에서 제일 안 좋은 것이 젊었을 때 성공하는 것, 중년에 아내(남편)가 먼저 세상을 떠나는 것, 늙었을 때 가난한 것이다.

3. 잘난 사람보다 약간 무능한 사람이 회사를 오래 다닌다.

4. 동창 모임에 가보면 학교 다닐 땐 별 볼 일 없었던 이들이 성공한 경우가 많다.

5. 인생의 가장 큰 실수는 사람들 관계에서 영양가를 따지는 것이다.

6. 무엇이든 20년은 해야 겨우 전문가 소리를 듣는다.

7. 만나는 사람마다 명함을 뿌리지만 읽는 사람은 거의 없다.

8. 업계를 떠나면 그쪽 인맥은 거의 남지 않는다.

9. 월급은 내가 회사에 공헌해서 받는 것이 아니라, 내 인생의 기회손실에 대한 비용으로 받는 것이다.

10. 남자는 40대 초반에 자뻑이 제일 심하고 40대 후반부터 급속하게 비겁해진다.

11. 다음의 5가지는 결코 돌아오지 않는다. 입 밖에 낸 말, 쏴버린 화살, 흘러간 세월, 놓쳐버린 기회, 돌아가신 부모님.

12. 결국 남는 건 자식과 사진이 아니라, 배우자이다.

13. 재능보다 중요한 건, 배짱과 끈기다.

14. 사람들의 추억이나 기억은 매우 부정확하다.

15. 회사는 기억력이 없다.

16. 행복해지려면 2가지를 해야 한다. 첫 번째는 다른 사람에 대한 기대를 낮추는 것이다. 두 번째는 자신의 엉뚱하고 무모한 꿈으로부터 떠나는 것이다.

17. 인생은 당신이 누구를 만나느냐에 달려 있다.

18. 삶은 생각할수록 비극이지만, 그래도 즐겁게 살려고 마음을 먹으면 즐거운 게 꽤 많다.

"

H
A
L
F
Target | 후반전 목표 점검하기
I
M
E

16만 시간의 기적

후반전
인생의
작전타임

은 퇴 후 인 생 후 반 전 설 계 부 터 실 행 까 지

HALFTIME

하프타임의 3가지 점검과
7가지 질문

영화 「인턴」은 30대의 CEO가 수십 년 직장생활에서 노하우와 풍부한 인생 경험을 가진 70세의 인턴을 채용하면서 펼쳐지는 휴머니즘이 담겨있는 코미디 영화이다. 여주인공 줄스 오스틴에게 필요한 것은 하프타임이었다. 하프타임은 문자 그대로 운동경기 중간에 작전타임이다. 축구는 전반전과 후반전 중간에 15분, 농구는 1, 2피리어드와 3, 4피리어드 사이에 10분씩 하프타임이 있다. 체력 소모가 많고 몸싸움이 심한 경기에는 대부분 하프타임이 있다. 하프타임은 지친 체력을 추스르는 시간이다. 또한 전반전 상황을 점검하고, 문제가 있다면 후반전에는 승리하기 위해 그 해결책을 찾는 시간이다. 하프타임을 어떻게 보냈느냐에 따라 경기의 승패가 좌우되기도 한다.

대부분 승패는 후반전에 결정된다. 인생 또한 마찬가지다.

하프타임이 중요한 이유는 인생의 전환점에서 어떤 마음 자세로 삶의 가치를 재설계하고 방향을 잡아가느냐에 따라 삶 전체가 달라지기 때문이다. 우리의 인생은 작전타임인 하프타임을 어떻게 보내느냐에 따라 후반기 삶이 달라진다. 인생전반기가 나의 선택이 아닌 주변의 바람과 세상이 원하는 성공에 맞춘 삶이었다면 후반은 어떻게 하면 좀 더 의미 있는 성숙한 삶을 살 수 있을까를 생각해 보아야 한다. 그러기 위해서는 하프타임에 점검할 사항들이 있다.

우리는 하프타임을 가지면서 무엇을 점검해가야 할 것인가? 자신이 하프타임에 접근하고 있음을 확인할 수 있는 지표가 있다. 그것은 '정체기(Plateauing)'라고 불리기도 하는데, 더 나아지지도 않고 그렇다고 퇴보하는 것도 아니면서 불만족스러운 상태에 그대로 머물러 있는 것을 말한다. 삶이 정체기에 빠졌을 때 나타나는 현상들은 대체로 이렇다.

- 의사 결정을 꺼린다.
- 구체적인 계획도 없이 조기퇴직을 꿈꾼다.
- 미래의 계획에 대해 말하기는 하나, 그것을 실현하기 위한
  행동이 뒤따르지 않는다.
- 밤에는 잠을 이루지 못하고, 낮에는 비몽사몽 생활한다.
- 하루 중 대부분의 시간을 불만스러운 상태로 지낸다.
- 친구를 만났을 때 같은 얘기를 반복해서 하는 경향이 있다.

- 지금 무언가를 배우고 있지도 않고 그러고 싶지도 않다.
- 현재의 생활방식이 불안정하고 산만한 편이다.
- 자신의 인생에 대해 책임지기를 두려워하여 의사 결정이나 삶의 방향 등을 환경이나 타인에게 전가시킨다.
- 장래에 대한 열망이나 기대가 전혀 없다.
- 과도하게 걱정이 많은 편이다.

이제 새로운 후반전을 뛰기 위해서는 하프타임의 3가지를 점검해야 한다.

첫째는 정체성이다. 한마디로 내가 누구인가를 알아야 한다. 많은 사람들이 자신의 현재 위치가 자기 자신이라고 생각하지만, 현재의 위치가 영원한 자신의 자리라고 생각할 수는 없다. 그래서 하프타임에 자신의 정체성이 무엇인지를 파악하는 것이 중요하다. 나는 누구이며, 자신이 무엇을 하고 싶어 하고 무엇을 잘하는지 아는 것이 필요하다.

둘째는 방향이다. 속도보다 방향이 중요한데 나는 어디를 향해 가야 하는지를 점검해야 한다. 셋째는 사명 회복이다. 인생을 살아가면서 어떤 목표를 가지고 있느냐를 질문해야 한다.

하프타임을 위한 7가지 진단 질문

. . . . . .

1. 나는 인생의 마스터 플랜을 갖고 있는가?
2. 나는 나이라는 고정관념의 감옥에 갇혀 있지 않는가?

3. 나는 늘 새로운 것을 찾아서 도전하고 있는가?

4. 나는 나의 분야에서 획을 그을 수 있는 역량을 갈고 닦는가?

5. 나는 치열하게 매일매일을 만들어가고 있는가?

6. 나는 늘 호기심을 갖고 새로운 것을 배우고 있는가?

7. 나는 할 수 없는 이유를 찾지 않는가?

"

당신의 건강이나 가족 혹은 성품을 희생시키며 일궈낸 성공은

진정한 성공이 아니다.

−Dave Wills−

"

16만 시간의 기적

후반전까지 뛸 수 있는
기초체력을 키워라

우리는 바쁜 세상에 살고 있다. 그래서 종종 어디로 향해 가는지 무엇을 위해서 사는지 망각한 채 그날그날을 타성에 따라 살아간다. 삶이 이렇다면 무슨 변화가 일어나겠는가. 의도적으로 생각할 시간을 내서 자기 자신의 모습을 성찰하고 자신을 새롭게 할 필요가 있다. 「종합병원 특실에서」라는 글이 있어 소개한다.

"지나온 인생을 돌아보니 인생의 전반전은 학력, 직위, 권력, 재력 그런 것들이 높고 많으면 이기는 것이었지. 하지만 후반전은 달랐다네. 전반전의 승리를 위해서 온 힘을 쏟은 몸은 후반전에 혈압, 심장, 당뇨 등 성인병에 시달리게 되어서 나의 명줄을 의사에게 구걸해서 겨우 연장전을 살고 있네. 이제야 알겠더군, 전반전에 높이 쌓았던 모든 것들을 후반전, 연장전에선 누릴 수가 없다는 걸. 승패를 바로 가리는 운동경기에도 중간에 쉬는 시

간이 있거늘 전반전에서 앞만 보고 정신없이 살았던 날들이 이제
는 후회하는 추억으로 남았소.

　나의 글을 읽는 그대들에게 말하노니, 아프지 않아도 해마다
건강 검진을 받아보고, 목마르지 않아도 물을 많이 마시며, 괴로
운 일 있어도 훌훌 털어버리는 법을 배우며 양보하고 베푸는 삶
도 한번 살아보게나. 돈과 권력이 있다고 해도 교만하지 말고, 부
유하진 못해도 작은 것에 만족하고, 피로하지 않아도 휴식할 줄
알며, 아무리 바빠도 움직이고 운동하게나. 사람의 가치는 무엇
이 증명해 주는지 알고 있는가? 바로, 건강한 몸이라네.

　건강할 때 있는 돈은 자산이라고 부르지만, 아픈 뒤 그대가
쥐고 있는 돈은 자식, 손주가 탕진할 유산일 뿐이니 차를 몰아줄
기사는 월급 주면 얼마든지 구하고, 돈을 벌어줄 당신 사업장의
직원은 월급만 많이 주면 늘 옆에 둘 수 있지만, 당신을 대신해서
아파줄 사람은 결코 없을 테니 건강을 잃지 마시오. 내가 여기까
지 와보니 많은 재산이 무슨 소용이 있을까. 많은 재물의 욕심은
나를 그저 탐욕스러운 늙은이로 만들어 버렸다네.

　내가 한때 자랑으로 알고 쌓았던 많은 것들 돈, 권력, 직위
이제는 그저 짐에 불과할 뿐, 그러니 전반전을 살아가는 사람들
은 너무 욕심내 살지 말고, 후반전, 연장전에 살고 있는 사람들은
아직 인생이 끝나지 않았으니까 행복한 만년을 위해서 지금부터

　　　　　　　　16만 시간의 기적

라도 자신을 점검하며 사시라. 전반전에서 빛나는 승리를 거두었던 나는 후반전, 연장전은 병마를 이기지 못하고 병원 특실에 누워 있는데 아무리 시설이 좋은 특실이라도 허름한 농촌의 경로당보다 못하다는 것을 알려드립니다. 오늘도 평안하시기를.”

지금 후반전 목표 점검을 위한 하프타임의 셀프 진단 질문을 해보자.

첫째, 지금 나는 내 인생에서 정말 중요한 무언가를 놓치며 살고 있지는 않는가?

둘째, 내가 정말로 갈망하고 있는 것은 무엇인가?

셋째, 나는 무엇에 가치를 두고 사는가?

넷째, 10년 뒤에 나는 무엇을 하고 싶은가? 20년 후에는?

서양의 격언 “목적지가 없는 배에게는 바람이 불지 않는다.”는 말이 있다. 꿈은 우리의 방향을 설정해준다. 방향이 정해져 있지 않으면 앞으로 전진하지 못하고 제자리에서 맴돈다. 꿈이 없는 삶은 표류하는 배와 같다. '살아가노라면 어떻게 되겠지.'라는 막연한 생각을 갖게 되지만 그런 생각은 방향을 잃은 배처럼 표류할 수밖에 없다.

대륙의 부실공사라는 제목으로 중국에서 실제 있었던 사건인데, 우리나라는 주로 건물이 무너진다. 그런데 그 건물은 무너진 것이 아니라 넘어져 있다. 왜 이런 결과가 왔는지 보면, 이 아파트를 지을 때 지하를 파서 기초공사를 하지 않고 맨땅 위에 20층의 건물을 지어놓았다. 그래서 건물이 넘어진 것이다. 이 건물의 문제는 설계도에 의해서 기초공사를 하지 않고 눈가림을 해서 부실공사를 한 결과이다.

이 건물을 세워 놓는다면 사람이 들어가 살 수 있을까? 그냥 준다고 해도 안전이 보장되지 않기 때문에 불안해서 못 살 것 같다. 이와 같이 우리의 인생도 계획 없이 분주하게 앞만 보고 달려간다면 이 아파트처럼 무너지는 것이 아니라, 완전히 넘어져서 일어나지 못하는 분들을 많이 보게 될 것이다. 당신은 인생을 설계도에 의해서 지어진 건물처럼 끝까지 안전하게 갈 수 있는 기초체력을 가진 인생을 설계했는지 점검해보기 바란다.

"
"인생을 여행이라고 보면 여행의 진정한 발견은
새로운 풍경이 아니라 새로운 눈을 갖는 것이다."

−마르셀 프루스트−

"

인생후반전은
준비된 자에게만 온다

 톨스토이가 던졌던 3가지 질문이 있다. 첫째, 이 세상에서 가장 중요한 시간은 언제인가? 둘째, 이 세상에서 가장 중요한 사람은 누구인가? 셋째, 이 세상에서 가장 중요한 일은 무엇인가? 첫째 질문의 정답은 '지금 이 순간'이고, 둘째 질문의 정답은 '내 앞에 있는 사람'이고, 셋째 질문의 정답은 '지금 이 순간 내 앞에 있는 사람에게 집중하는 일'이다. "준비된 자에게 기회가 온다."라는 사자성어 수도선부(水到船浮)는 "물이 차오르면 배가 저절로 뜬다."는 말로, '실력을 쌓아서 경지에 다다르면 일이 자연스럽게 이루어짐.'을 뜻한다. 즉, 물이 불어나면 큰 배가 저절로 떠오르듯이 준비된 자에게는 반드시 기회가 온다는 뜻이다.

 당신의 미션은 무엇인가? 왜, 무엇을 위해 존재하는가? 라는 질문은 중요하다. 미네소타대학교 심리학 교수 에릭클링거는 우리가 매일 300개에서 1만 7,000개에 이르는 결정을 내리며 살아간다고 말한다. 그래서 삶의 핵심은 '선택과 결정'이다. 오스 기니스도 이 시대를 '선택 과잉의 시대'로 규정하는 것은 조금도 무리가 아니다. 그렇다면 이런 당혹스럽고 복잡한 선택의 현실 앞에서 과연 어떻게 해야 할까? 인생의 16만 시간은 집중해야 한다. 왜냐하면 후반전은 최선의 선택을 해야 할 시기이기 때문이다.

생애주기에 따른 인생 지도를 보면 연령에 따른 미션이 있다. 20대는 출세를 위해 앞만 보고 달려가는 시기이다. 그러나 이때 중요한 것은 방향을 잘 정하는 것이 필요하다. 30대는 자신의 분야에서 어느 정도 기반을 잡는 시기인데 실제로 많은 30대들이 취업과 결혼에 어려움을 겪고 있는 시기이다. 40대는 인생의 의미에 대한 질문이 시작된다. 이때 자신의 삶을 되돌아보고 미래를 고민하게 되는 시기인데, 이 시기를 사추기(思秋期)라고 부른다. 그리고 50대 이후 치열한 전투를 끝낸 뒤 피로감이 몰려오는 경험을 하게 되는데 이때 후반전을 구체적으로 준비해야 하는 시기이며 후반전에 분명한 목표를 세우고 집중해야 하는 시기이다.

개인적 후반전 미션을 수립함에 있어 피터 드러커는 이렇게 말했다.

1. 당신 스스로 개인적 미션을 명확하게 설정하라.

2. 당신에게 중요한 것이 미션 달성에 성공할 때 얻게 되는 결과여야 한다는 점을 명심하라. 당신의 내면을 들여다보라. 당

신에게 진정으로 중요한 것을 실행에 옮겨라.

3. 미션 달성의 과정이 당신이 좋아하는 것들로 채워져야 한다는 점도 염두에 두어라. 인생은 짧다. 순교자가 되는 것이 당신의 목표가 아니라면 당신을 행복하게 만드는 것을 행하라.

4. 당신이 시간을 어떻게 쓰는지 분석해야 한다는 것이다. 행복과 의미를 동시에 경험할 수 있는 시간을 최대화하라.

1만 시간의 법칙을 아는가? '1만 시간(10,000 Hour)', 1만 시간은 어느 한 분야의 전문가가 되기 위해 필요한 시간이다. 1만 시간은 하루 3시간, 일주일에 20시간씩 10년간이라는 시간을 통해 이전과는 전혀 다른 삶을 살았던 사람들이 있다. 1956년 영국의 한 시골에 악보를 볼 줄도 모르고 제대로 된 레슨 한번 받아본 적이 없는 아마추어 밴드가 있었다. 생계를 위해 밤무대 공연을 하고 하루 8시간 이상 연습에 1,200회 이상 라이브 공연을 하면서 그렇게 5년의 시간이 지났을 때 그들은 세계 최고의 팝 밴드 '비틀즈'가 되었다.

그렇다면, 후반부의 미션에 어떻게 집중할 수 있을까? 가장 좋은 방법은 당신이 원하는 인생의 최종 목적지를 종이 위에 구체적으로 묘사해보는 것이다.

마즈 블랜차드(Marge Blanchard)는 사람들에게 장래의 언젠가 이르게 될 '환상적인 날(Fantasy Day)'에 대한 각본을 써보라고 권한다. 여기에는 당신이 달성하고자 하는 목표들, 그때는 시간을 어떻게 보내고 있을지, 어디에서 지내고 있을지, 누구와 함께 지내고 싶은지, 자신이 하고 있는 일에 대해 어떻게 느끼며 살지, 그밖에 그런 삶을 위해 필요한 자원은 무엇인지 등의 내용이 포함되어야 할 것이다. 풍부한 상상력을 동원하여 구체적인 세부 사항까지 장래에 맞이하게 될 그 멋진 날을 마음속에서 그려볼 수 있는 만큼 마음껏 구상해 보라는 것이다.

"

인생을 바꾸는 90대 10의 원칙

. . . . . .

당신 인생의 10%는 당신에게 일어나는 사건들로 결정된다.

나머지 인생의 90%는 당신이 어떻게 반응하느냐에 따라 결정된다.

−스티븐 코비−

"

내 생애 꼭 하고 싶은 리스트 만들기

버킷 리스트(Bucket List)는 죽기 전에 꼭 해야 할 일이나 하고 싶은 일들에 대한 리스트이다. 버킷 리스트는 '죽다.'라는 뜻으로 쓰이는 'Kick the bucket.'에서 온 말이다. 특히 잭 니콜슨과 모건 프리먼이 주연한 영화 「버킷 리스트」가 상영되면서 '버킷 리스트'라는 말이 널리 사용되기 시작했다. 영화는 한 병실을 쓰게 된 죽음을 앞둔 두 주인공이 자신들에게 남은 시간 동안 하고 싶은 일을 적은 리스트를 만들고, 병실을 뛰쳐나가 이를 하나씩 실행하는 이야기를 담고 있다. '우리가 인생에서 가장 많이 후회하는 것은 살면서 한 일들이 아니라, 하지 않은 일들.'이라는 영화 속 메시지처럼 버킷 리스트는 후회하지 않는 삶을 살다 가려는 목적으로 작성하는 리스트이다.

버킷 리스트를 말할 때 빼놓을 수 없는 사람은 '존 고다드'이다. 어릴 적 127개의 꿈의 목록을 만들고 그 중에 111개의 꿈을 성취했다. 실현된 꿈 중에는 실제 우주비행사가 되어 달나라로 간 내용도 있다. 물론 그 후로도 500여 개의 꿈을 더 이루어냈다. 사회생활을 하고 나이가 들면서 부족한 것은 체력이나 실력이 아니라 '꿈'이 아닐까 생각한다. 사람들은 어릴 적에는 꿈을 꾸고 그 꿈들이 조금씩 실현되면서 가졌던 자신감이, 시간이 지나면서 현실과 꿈의 괴리만을 아쉬워하면서 현실만을 수긍하며 살아온 것이다.

존 고다드는 이렇게 말하고 있다. "나는 틀에 박힌 생활을 하고 싶지 않았으며, 끊임없이 자신의 한계에 대해 도전을 하고 싶었습니다. 독수리처럼 말입니다. 이런 경험들을 통해 나는 행동하는 인간의 보람과 삶의 가치를 느낍니다. 사람들은 흔히 위대한 용기와 힘과 인내를 발휘한다는 것이 무엇인지 모른 채 생을 마감하기도 합니다. 그러나 죽음이라는 극한 상황에서는 자신의 내부에 감춰진 엄청난 힘을 깨닫게 됩니다. 지금까지 살아온 당신의 인생을 돌아보십시오. 그리고 '만일 내가 1년을 더 산다면 무엇을 할 것인가'에 대해 생각해 보십시오. 우리 모두는 마음속에 각자가 하고 싶은 일들이 있습니다. 미루지 말고 즉각 해보십시오."

사람들은 꾸준히 자기 자신을 성장시켜 나아갈 때만이 원하는 행복에 이를 수 있다고 생각한다. 일생에 걸친 다양한 활동을 통하여 가치 있는 일과 그렇지 못한 일을 경험하게 되고 이를 통해 가치관이 형성되어 간다. 인생의 목표는 삶의 의미를 부여해 줄 뿐만 아니라, 방향을 제시해준다. 그렇기 때문에 확고한 인생 목표의 설정은 삶의 방향을 이끌기 위한 필수 조건이 된다. 만약 인생 목표가 정립되지 않은 사람이 있다면, 그는 틀림없이 방황하게 될 것이다.

한 배가 가고 있는데, 이 배가 항해하고 있는지 표류하고 있는지의 차이는 목적지를 향해 가고 있는 상태라면 우리는 항해라고 한다. 반대로 목적지가 없이 가는 배가 있다면 그 배를 우리는 표류라고 한다. 이 시간 당신에게 묻고 싶다. 지금 당신의 인생은 항해하고 있는 인생인가? 표류하고 있는 인생인가? 많은 사람들이 열심히 살아가는 것처럼 보이지만 표류하고 있는 사람들이 많다. 항해하는 사람은 삶의 목표와 미션이 분명한 사람이다.

우리의 인생설계를 마치 집을 짓는 일과 비교해 본다면, 우리 각자는 자신의 생애를 건축하는 건축가일 것이다. 건축가가 자기만의 독특한 건축미를 돋보이면서 아름답고, 튼튼하고, 편리한 집을 완성시켜 나아가기 위해 많은 노력과 수고를 하듯이 각자의 보람 있는 인생을 누리기 위해서는 우선 자신의 인생설계의 밑그림을 잘 그려야만 할 것이다. 또한 집을 짓는데 필요한 전문적인 지식과 기술은 물론이고, 건축의 기본 원칙이 잘 준수되어야 한다. 인생설계를 위해 제일 중요한 기본 원칙은 자신의 적성과 흥

미를 존중하는 것이며, 또 그러한 설계에 따라 열심히 살아갈 때
우리는 자신의 꿈과 희망을 실현할 수 있으며, 행복한 삶을 살게
될 것이다.

“

존 고나드의 127가지 인생 목표

· · · · · ·

〈탐험할 장소〉

1. 이집트의 나일강 (세계에서 제일 긴 강)

2. 남미의 아마존강 (세계에서 제일 큰 강)

3. 아프리카 중부의 콩고강

(중략)

〈배워야 할 것들〉

37. 의료활동과 탐험 분야에서 많은 경력을 쌓을 것

(현재까지 원시 부족들 사이에 전해져 오는 다양한 치료요법과 약품을 배웠음).

38. 나바호족과 호피족 인디언에 대해 배울 것.

39. 비행기 조종술 배우기.

(중략)

〈여행할 장소〉

56. 이스터섬(거석문명의 섬)

16만 시간의 기적

57. 바티칸(이때 존 고다드는 교황을 만났음)

58. 갈라파고스 군도(태평양 상의 적도 바로 아래의 화산섬)

59. 인도의 타지마할 묘

(중략)

〈해낼 일〉

123. 걷거나 배를 타고 그랜드캐니언 일주

124. 배를 타고 지구를 일주할 것(현재까지 네 차례의 일주를 마쳤음).

125. 달 여행("신의 뜻이라면 언젠가는!").

126. 결혼해서 아이들을 가질 것(존 고다드 현재까지 5명의 자녀를 두었음).

127. 21세기에 살아볼 것(그때가 되면 존 고다드는 75살이 될 것이다).

"

인생설계 프로세스
점검하기

인생의 후반전을 시작하기 전에 몇 가지 준비가 필요한데, 하프타임을 통해 점검하고 고민하고 계획하는 시간을 갖는다면, 이제부터 시작될 후반전은 전반전과는 비교할 수 없을 정도로 멋진 시간이 될 것이다. 그러기 위해서는 앞만 보고 달려왔던 숨 가쁜 질주를 잠시 멈추고, 나머지 인생을 위한 인생설계 프로세스 점검하기를 해야 한다. 당신은 하프타임을 가짐으로써 과거에는 생각해볼 시간조차 갖지 못했던 그런 모든 질문들에 대해 스스로 해답을 찾는 기회를 갖게 될 것이다. 하프타임은 뚜렷한 목적의식을 가지고 인생의 후반부를 미리 준비하는 휴지기(休止期)이다.

일반적으로 어려웠던 시절에 겪게 되는 자책과 후회에서 벗어나 새롭게 출발할 수 있는 두 번째 기회라고도 할 수 있다. 하프타임은 현실로부터의 도피가 아니며, 자신의 삶을 적극적으로 개척해 나가기 위한 충전의 시간이다. 하프타임을 통해 당신이 해야 할 일은 과거에 대한 후회가 아니라 자신의 정체성을 회복하는 시간이어야 한다. 만약 기계에 비유한다면, 기본 프로그램은 같지만 경쟁 우위를 지키기 위해 새로운 기능을 추가하는 업그레이드 작업과 같은 것이다.

일본의 '소프트뱅크'의 회장인 손정의 회장은 19세 때 인생 50년 계획을 세웠다. 20대에 세상에 이름을 떨치고 30대에 운영 자금을 축적하고 40대에는 일대 승부를 걸겠다는 것이었다. 50대에는 사업 모델을 완성시키고, 60대에는 다음 경영자에 넘겨주겠다는 것이 그의 계획이다. 손 회장은 19살에 세운 계획대로 지금 와 있다며 그 성공이 지금까지 지속되고 있다. 50대에 조금 더 확실하게 사업 모델을 완성해서 60대에는 다음 경영진에게 바통을 넘겨주고자 한다고 말했다. 미래를 준비한다는 것은 '무엇이 되는가.' 보다는 어떻게 사는가? 또 그렇게 살기 위해 무엇을 준비해야 하는가? 인생에 있어서 나에게 가장 소중한 것은 무엇인가? 생의 가치에 우선순위를 두고 자신의 인생 목표와 정확한 방향을 찾아가는 인생설계가 되도록 해야 한다.

다음은 인생설계의 여정을 따라가는 프로세스 과정이다.

1. 나의 인생의 여정인 생애곡선을 그려본다.
2. 성공적인 삶을 살기 위해 내가 정확히 준비해야 될 인생

프로세스를 알아본다.

3. 명확한 비전을 갖기 위해 자신이 닮고 싶은 롤모델을 생각해본다.

4. 인생의 영역에서 무엇을 이루고 싶은지, 과거의 일 중에서 자랑스러웠던 일, 실패한 경험들을 기억해보며 다음에 이룰 목표와 희망 사항을 적어본다.

5. 내 안에 잠재되어 있는 깊숙한 내면의 생각과 감정을 살펴보고, 자신에게 정말 중요한 것이 무엇인지를 분명히 하고자 '인생사명서'를 작성한다.

6. '인생사명서'에 따라 인생의 목표를 설정하고 관리하기 위하여 시간 관리를 철저히 한다.

"

"인생의 비결은 매 순간 자신이 완수해야 할 과업을 가지고 사는 것이다. 그리고 그 과업은 전 생애를 다 바칠 수 있는 것이어야 하고, 모든 것을 다 걸 수 있는 것이어야 한다."

—헨리 무어(Henry Moore)—

"

HALFT
I
M
E
mprovement | 액션플랜

하프타임의
실천전략

은퇴 후 인생후반전 설계부터 실행까지

H A L F T I M E

걱정만 하지 말고
실행하라

『영혼을 위한 닭고기 수프』라는 책의 저자 마크 빅터 한센은 "모든 것이 적합해질 때까지 기다리지 말라. 완벽한 순간은 없다."라고 조언한다. 언제나 도전과 장애물, 완벽하지 않은 조건들이 있다는 것이다. 따라서 "지금 시작하라." "한 걸음 내디딜 때마다 더 강해지고 더 숙련되며 더 자신감이 생기고 더 성공할 것."이라고 강조한다. 우리는 돈이 없어서, 시간이 없어서, 능력이 없어서, 경험이 없어서, 도와줄 사람이 없어서 지금 할 수 없다고 말한다. 하지만 모든 조건이 갖춰진 완벽한 순간을 기다리다가는 아무것도 하지 못한다. 부족하면 부족한 대로 일단 시작하는 것이 중요하다.

미래에 당신은 해서 후회하는 것보다 하지 않아 후회하는 것이 훨씬 많을 것이다. 실패해도 해봤으면 미련이 없다. 반면

하지 않으면 '그때 시도했다면 내 인생은 어떻게 바뀌었을까.'란 미련이 남는다. 꿈이 있다면 지금 당장, 작게라도 시작하라. 하면서 경험이 쌓이고 실력이 늘고 점점 더 성공에 가까이 다가갈 것이다. 신중함과 망설임은 구분되어야 한다. 하프타임을 갖고 실제로 인생후반전에 진입하는 사람은 그리 많지 않다. 이유는 망설임 때문이다. 우리의 고민은 어떠한 일을 시작했기 때문에 생긴다기보다는, 할까 말까 망설이는 데서 더 많이 생긴다. 모든 일은 망설이기보다는 시작하는 것이 한 걸음 앞서가는 것이 된다.

가슴속에 진정으로 자신이 바라는 비전을 가지고 있는 사람은 그 비전을 이루기 위해서 어떤 역경과 한계도 넘어설 수가 있다. 그렇다면 당신의 비전은 무엇이며 여행의 목적지는 어디인가? 자신이 나아가야 할 방향에 대해서 분명히 알고 있을 때, 우리는 망설임 없이 앞으로 나아갈 수 있다. 그리고 바로 그때 우리가 마주치게 되는 모든 사건은 자신 안의 힘을 끌어낼 수 있는 기회로 작용한다.

「나이 들면 후회하는 37가지」라는 제목의 글이 많은 사람들의 공감을 얻었던 적이 있다. 그 37가지 항목 중 몇 가지를 살펴보면 주로 이런 것들이다. 외국어를 배우지 않았던 것, 운동을 열심히 하지 않았던 것, 학교에서 더 열심히 공부하지 않은 것, 사랑한다고 말하지 못한 것, 부모님의 충고를 듣지 않은 것, 원한

16만 시간의 기적

을 품고 사는 것, 더 많이 움직이지 못한 것, 충분히 봉사하지 않았던 것, 치아 관리를 무시한 것, 할머니, 할아버지가 돌아가시기 전에 질문을 하지 않았던 것, 너무 열심히 일만 한 것, 감사한 순간을 위해 잠깐 멈추지 않았던 것, 너무 많은 걱정을 했던 것, 사랑하는 사람과 충분한 시간을 보내지 않았던 것 등이다.

가만히 잘 생각해보면 이 항목들은 몇 가지 공통점을 지니고 있다. 누구나 마음만 먹으면 얼마든지 할 수 있는 '쉬운' 일이라는 점이다. 그러나 지금 당장 하는 것이 귀찮고 힘들어서 나중으로 미루다가 그 일을 할 수 있는 '때'를 놓치게 된다는 점이다. 그런데 이처럼 우리가 대수롭지 않게 여기고 미뤘다가 나중에 후회하게 되는 사소하고 평범한 일들이 바로 우리에게 세상사는 즐거움과 참된 행복을 가져다주는 중요한 '조건'들이다.

캐나다의 베스트셀러 작가 어니 젤린스키는 "걱정의 40%는 절대 현실로 일어나지 않는 것이며, 30%는 이미 일어난 일에 대한 것이고 22%는 사소한 고민이며 4%는 우리의 힘으로 어쩔 수 없는 일이며 마지막 4%는 우리가 바꾸어놓을 수 있는 일에 대한 것."이라고 말했다. 결국 우리는 바꿀 수 있는 4%의 걱정까지도 다른 96%의 걱정 때문에 바꿔놓지 못한다는 것이다. 그의 말을 곱씹어보면 '걱정은 결국 쓸데없는 것'임을 알 수 있다. 걱정은 일종의 습관이다. 하면 할수록 늘어나고 고치기는 어려워진다. 불필요한 걱정을 가지치기해야 한다. 그래야 해결 가능한 4%의 걱정에 집중하고, 보다 나은 미래를 꿈꿀 수 있다.

"

"20년이 지나면 당신은 당신이 한 일보다는 하지 않은 일들 때문에

더 후회할 것이다. 그러니 닻을 올려 안전한 포구로 떠나라.

돛에 무역풍을 가득 담고 출발하라."

-Mark Twain-

"

16만 시간의 기적

인생의
본질을 찾아라

인생의 전반전을 보낸 사람들에게 묻고 싶은 질문이 있다. 행복하십니까? 불행하십니까? 라는 질문이다. 많은 사람들이 열심히 살아왔지만 정말로 중요한 본질을 잃어버리고 분주하게 앞만 보고 달려왔다. 그래서 행복은 '잘 보낸 시간의 보상'이고, 불행은 '잘못 보낸 시간의 보복'인 것이다. 그래서 '하프타임(Halftime)'은 인생의 작전타임이기도 하지만 다른 말로 정의하면 '본질 찾는 시간'이라고 정의할 수 있다. 과연 인생의 본질이란 무엇일까? 영원히 변하지 않는 것을 말하며, 반면에 비본질적인 것은 시간이 지나면 변하는 것이다.

우리는 왜 사는지 묻고 그 물음에 답하며 인생을 살아야 한다고 생각하면서도, 중심을 잡지 못한 채 사회가 정해둔 기준을 따르며 허둥대며 사느라 본질을 잊고 지내기 일쑤다. 진정으로 원하는 게 무엇이고 어떻게 살고 싶은지 생각할 겨를도 없이 수동적으로 살아내느라 힘겨운 시간을 보내온 것이 베이비붐 세대의 현주소이다. 이제 잠시 달리던 것을 멈추고 제자리에 서서 뒤를 돌아보는 여유가 필요하다. 뒤돌아보면 뜻밖에도 그동안 놓쳤거나 잃었던 인생의 본질을 찾게 된다.

코뿔소는 앞만 보고 달리는 습성이 있다. 이를 이용해 미국 인디언은 코뿔소를 뒤에서 쫓아 절벽으로 몰아가는 방법을 썼다고 한다. 뒤를 돌아보지 않고 앞만 보고 달린다면 코뿔소와 같은 처지가 될 수도 있다. 많은 사람들이 그동안 너무 앞만 보고 달려왔고, 앞으로 뭘 해야 할지 잘 모르겠으며, 갈 곳이 마땅치 않아 산에나 다닌다고 말하는 사람들이 많다. 우리는 그동안 위로 올라가려고 애쓰는 과정에서 무언가 중요한 것을 잃어버리지 않았는지 생각할 시간이 필요하다. 우리는 그동안 너무 바쁘게만 살면서 정말로 중요한 것은 놓치지 않았는가? 우리는 그동안 너무 풍요롭고 피상적인 것들에만 빠져 살지는 않았는가? 이제는 뒤를 돌아보면서 인생의 본질을 재발견해야 한다.

하버드대학교 심리학과 교수인 대니얼 길버트가 TED 강연 「미래의 자신에 대한 심리학」에서 사람들은 지금 자신의 모습대로 나머지 인생을 살아갈 것이라고 믿지만 이는 환상일 뿐이며 우리는 우리가 생각하는 것보다 훨씬 더 많이 변한다고 했다. 미래에 각자가 하는 후회는 다 다르지만 이제 후반전에는 본질과

16만 시간의 기적

비본질을 구분해야 한다. 조각가에게 물었다. "당신은 어떻게 이렇게 놀라운 작품을 만들었습니까?" 조각가가 대답했다. "대리석에서 필요 없는 부분을 떼어냈더니 이런 작품이 되었습니다." 그렇다. 이제 진정한 본질을 찾고 그렇지 않은 것을 정리해야 한다.

이에 가장 중요한 인생의 본질은 무엇일까?

첫째로 '존재감', 그러니까 '정체성'이다. 내가 누구인지 알아야 어떤 삶을 살지 알 수 있다는 것이다. 현재의 위치나 역할이 자기라고 생각한다면, 그 자리를 떠나게 될 때 우리는 정체성의 혼란을 겪게 될 것이다. 지금과 더불어 후반전에 나의 정체감은 위치와 역할로 규정하지 말고 비전을 가진 자신의 모습으로 정의해야 한다. 비전은 미래에 대한 인식이며, 비전은 일상의 문제들을 초월해 미래의 환경을 창출함으로써 힘을 부여한다.

그리고 두 번째로 우리 인생이 '어떤 방향을 향해 가는 것인가.'가 중요하다. 어떤 여행이든 여행이 성공적으로 이루어지려면 일단 내가 어디로 가서 무엇을 얻고자 하는지 여행의 목적지가 분명해야 한다. 목적지도 없이 그저 정처 없이 길을 떠나는 것은 여행이 아니라 방황이기 때문이다. 이런 경우 자신이 어디로 가는지에 대한 뚜렷한 확신이 없기 때문에 조금만 힘든 일이 있어도 쉽게 여행을 포기할 가능성이 크다.

세 번째는 '사명의 회복'을 꼽을 수 있다. 인생에서 진정한 기뿜은 자신이 가장 중요하다고 생각하는 목적을 위해 공헌하는 것이다. 시니어의 풍부한 경험과 전문성이 공익적 활동으로 보람 있는 인생 16만 시간을 만들어갈 수 있다. 앞에서 설명한 대로 예측할 수 없는 수많은 일들이 우리 인생 가운데 찾아오지만, 그때마다 무엇이 본질인지 무엇이 비본질인지 꿰뚫어 볼 수 있는 통찰력을 가지고 있다면 비본질적인 것 때문에 애타게 아파하지 않고 낙심하지 않으며, 인생을 낭비하지 않고 살게 될 수 있을 것이다.

"

나무는 열매로 평가되고

사람은 그가 이룬

업적에 의해 평가된다.

−탈무드−

"

떠날 힘을 기르고
멋진 하산을 준비하라

등산을 해보면 올라갈 때는 땀을 뻘뻘 흘리며 애를 써서 정상에 올랐다가, 내려올 때에는 맥을 놓고 내려오다 그만 다리가 삐끗하거나 미끄러져 크게 다쳐서 응급실로 실려 가는 경우를 보게 된다. 이것은 바로 내려올 준비가 제대로 되어 있지 않았기 때문에 일어난 일이다. 인생도 마찬가지이다. 우리는 언제까지나 살 것처럼 착각하며 살고 있다. 그래서 내일에 대한 아무런 준비 없이 사는 경우가 허다하다. 일이 자신의 뜻대로 잘 풀릴 때는 모든 일이 항상 뜻대로 잘될 것만 같은 생각에 빠지기 쉽다.

그러나 인생에는 오르막길이 있으면 내리막길도 있는 법이다. 이것은 비단 개인에게만 국한되지 않는다. 한 사회도, 한 나라도 흥망성쇠가 있기 마련이다. 그러나 사람들은 상승기류를 타게 되면 오르막만 있는 줄 알고 내리막길은 전혀 생각하지 못한다. 우리 주변을 봐도 잘 올라가는 사람들은 많아도 잘 내려올 줄 아는 사람들은 드물다.

　사람은 언젠가는 자신이 있는 자리에서 떠나야 한다. 모든 것이 영원하지 않듯이 말이다. 그것이 직업이든, 인생이든 간에 누구나 내려올 준비를 해야 한다. 그렇지 않으면 누군가에 의해 밀려날 수밖에 없다. 그렇게 되면 자존심의 손상은 말할 것도 없고 자칫하면 우울증에 빠져 건강마저 잃기 쉽다. 사실 그럴 때, 그간 소홀했던 자신의 개인적인 일이나 가족들과 함께 지내는 데에 더 정성을 쏟을 마음을 가지고 미리 내려올 준비를 했더라면 그렇게까지 비참한 기분에 빠지지는 않았을 것이다. 인생을 좀 더 길게 내다보며 서서히 내려올 시기를 정해서 앞날을 준비하는 것이 자신의 자존심과 건강은 물론이고 가족의 행복을 지켜 삶의 질을 더욱 높이는 길이다.

　많은 사람들이 은퇴를 반평생 해온 일을 끝장내는 종착역으로 보지 않고, 새로운 목표를 세우고 새로운 활동을 시작하는 출발점으로 여기기 시작했다. 이제 은퇴는 두렵고 불투명한 미래가 아니며 후반전은 보너스로 주어진 시간이 아니다. 얼마 전 일간지에 「그 명의들은 왜 시골 보건소로 갔나」라는 제목으로 인생 2막을 연 의사들에 관한 글이 실렸다. 허준용 전 고려대학교 구로병원 산부인과 교수가 정년 퇴임하고 보건소장으로 취임하면서 보건소 개소 이래 처음으로 여성의학과가 생겼다. 허 소장은 보건소장을 뽑는 개방형 직위 공모에 그가 지원하자 인제군은 두 팔 벌려 환영하며 암 조기 발견을 위한 최신 초음파 정밀 기기까지 지원했다.

허 소장은 등산을 하러 다니던 2005년부터 인제군 주민들과 인연을 맺어왔다. 그러던 어느 날, 친하게 지내던 동네 주민이 교통사고를 당했다는 소식을 들었다. 허 소장은 "처음엔 인제에 있는 병원에 갔다가 춘천 병원으로 옮기면서 시간을 지체하다 결국 돌아가셨다."며 안타까워했다. '사정을 들어보니 도시였다면 119가 와서 30분 내로 큰 병원 응급실에 데려갔을 것이고 충분히 살 수 있었을 텐데 싶었다.'라고 생각하고 인제보건소장으로 가게 되었다고 한다.

또 다른 의료 취약지로 내려가는 의사들로 국내 위암 치료의 권위자인 권성준 전 한양대학병원장이 강원도 양양군 보건소장으로 임용됐다. 허 소장은 "대학병원에서 진료할 때보다 보람을 느낀다."고 했다. "의사로선 최고 수준까지 갔으니 나름대로 자부심은 있었지만, 환자 한 명당 2~3분씩 봐도 시간이 모자랐는데 여기선 20~30분씩 이것저것 물어보면서 대화도 나눌 수 있고 나이 들고 나서야 산골에서 가져온 감자, 고구마로 치료비를 대신 받던 아버지가 의사로서 괜찮은 인생을 사셨다는 생각이 들었다."며 보람을 느낀다는 것이다.

이종철 전 삼성의료원장 또한 은퇴 후 고향인 경남 창원으로 내려가 2018년 창원보건소장으로 재취업했다. 퇴직한 다음 해 미국 존스홉킨스 보건대학원에서 보건학을 공부하고 돌아왔다. 이 소장은 "홀로 사는 노인이나 거동이 불편한 사람, 민간 의료에서 소외된 계층에도 의료 혜택이 돌아가야 하는데 그렇지 못한 현실이 안타까웠다."면서 "우리나라 지방 보건소를 공공의료의 좋은 모델로 만들어보고 싶어서 보건학 공부를 시작하게 됐다." 라고 했다. 그는 '즐거워서 하는 일'이라고 거듭 강조했다. 그동안 사회에서 받은 게 너무 많은데, 나이 들어서 지역사회에 기여할 수 있는 역할을 맡은 건 감사한 일이라고 말했다.

"

더 풍요로운 인생을 살 수 있는 7가지 길

· · · · · ·

1. 하루에 적어도 한 가지씩은 진리를 담은 글을 암송하라.

2. 자신의 목표, 바라는 바 포부를 늘 명확하게 하라.

3. 자신의 노력을 집중할 특정한 분야를 선정하라.

4. 기도와 묵상, 적극적인 마음가짐으로 두려움과 의심, 염려를 씻으라.

5. 자신의 결점이나 불리한 점을 부풀려 생각하지 마라.

6. 자신의 능력이나 재능, 잠재된 가능성을 한껏 크게 생각하라.

7. 다른 사람들에게서 선한 것을 찾아내라.

"

16만 시간의 기적

비교하지 말고
자신의 시간대로 살아가라

누구에게나 자신만의 속도가 있다. 옆에서 뛰기 시작하면 걷고 있는 나도 덩달아 뛰어야 할 것 같은 기분이 든다. 한 명에서 두 명, 세 명으로 늘어날 때마다 조바심은 극에 달한다. 결국 평소보다 무리하고 만다. 좋은 결과가 나온다면 다행이지만 오버페이스에 좋은 결과란 없다. 반드시 탈이 나기 마련이다. "벌써 정년이 다가오는데 아직 이러고 있니?", "이제 슬슬 노후준비도 해야 하지 않겠어?", "남들은 잘나가고 있는데 너는?" 등의 시선이 난무하기 시작하면 본인을 돌보기는커녕 떠밀려 자신을 내던져 버리기 일쑤다. 이러한 주변의 압박이 시작되면 자신의 인생 속도와는 달리 과하게 속도를 내는 경우가 발생한다.

마라톤 선수를 보면 두 가지 유형이 있다. 자기 능력에 맞게 꾸준한 수준을 유지하는 사람이 있는가 하면, 성급한 마음으로 사력을 다해 뛰다가 결승을 앞두고 지쳐 쓰러지거나 기어들어 가는 사람도 있다. 성공한 사람은 자기에 맞게 힘과 시간을 안배한다. 그렇게 해서 자신의 기록을 단축하는 것이다. 그러나 실패한 사람은 너무 욕심을 내다가 자신의 능력을 발휘하지 못하고 지쳐 쓰러지는 것이다. 정말 열심히 살았는데 이상하게 삶은 더 막막하고 불안해졌다면 '이제 타인의 속도가 아닌 나의 속도로 인생을 살아야 한다.'

누구나 자신의 길에서 자기 나름의 속도로 자신의 경주를 펼치는 것이다. 속담에 "인생의 길고 짧은 것은 대봐야 안다."는 말이 있다. 뉴욕은 캘리포니아보다 3시간 빠르다. 캘리포니아는 굼뜨고, 뉴욕은 빠르다는 얘기가 아니다. 각각의 시간대에 맞춰 살아간다는 것이다. 누구는 22세에 졸업해 5년 후에야 겨우 취업했는데, 누구는 27세에 졸업해 곧바로 좋은 직장을 얻었다. 어떤 사람은 25세에 최고경영자가 됐다가 50세에 죽고, 다른 어떤 사람은 50세에 CEO가 돼 90세까지 산다.

동료, 친구, 후배가 당신을 앞서가는 것처럼 보일 수 있다. 또한 누군가는 당신보다 뒤처져 있는 것으로 보일 수 있다. 그들을 시기하거나 부러워하지 말고, 그들을 업신여기거나 무시하지 말자. 모든 사람은 자신의 시간대에 따라 일하고, 그 속도에 따라 이뤄진 것들을 얻는다. 당신은 당신의 '시간대'에서 열심히 뛰면 된다. 당신이 잘되는 시간도 곧 올 것이다.

임마누엘 칸트가 자신의 대표작인 '비판 3부작'의 첫 책『순수이성비판』을 발표한 나이는 57세였다. 그리고 여고 졸업 학력으로 미국으로 건너간 뒤 식당에서 웨이트리스를 하며 두 차례의 결혼과 이혼을 겪었던 서진규 씨는 뒤늦게 미군에 입대한 뒤 공부를 시작하여 그녀는 58세에 하버드대학교에서 박사학위를 받았다. 또한 경영학의 대가 피터 드러커는 60세부터 30년간이 자신의 전성기였다고 말한다. 피카소는 92세까지 그림을 그렸고, 모네는 80세 이후에도 하루에 12시간씩 그림을 그렸다.

나만의 원칙하에 후반전을 뛰자! 이젠 마음의 준비가 다 되었으면 실행의 단계에 접어들 자격이 주어진 것이다. 나 자신에게 규칙을 부여하는 나만의 원칙을 먼저 세우자. 그리고 이를 지키고 삶에 적용하면 성공적인 후반전을 살아가게 된다. 그 원칙에 따라 내가 가슴 뛰는 일에 뛰어들자. 내 세상의 모든 것들은 나에게 달려 있기 때문이다. 그렇다고 해서 일에만 치중해 균형을 잃는 사람이 되어서는 안 된다. 펭귄은 균형 잡는 데에만 전체 힘의 70%를 쓴다고 한다.

넷플릭스 「오징어 게임」의 '깐부 할아버지' 오일남 역의 배우 오영수(78세) 씨가 한 방송사 예능 프로그램에 출연해 깊은 감동과 울림을 주었다. 연기 경력 58년, 출연 작품만 무려 200여 편. 연극계에서는 이미 정평이 나 있었지만, 대중들에게 오영수 배우는 거의 무명이나 다름이 없었다. 58년 만에 출연한 작품에서 갑작

스레 한국을 넘어 세계적으로 인지도가 급상승하자 붕 뜬 기분을 자제하면서 조용히 지내고 있다고 말했다.

그는 말하기를 "우리 사회는 1등이 아니면 안 될 것처럼 흘러가는 때가 있습니다. 1등만이 출세하고 2등은 필요 없어요. 그런데 2등은 1등에게는 졌지만, 3등에게는 이긴 겁니다. 그러니 우리 모두 다 승자죠." 그리고는 자신이 생각하는 아름다운 삶과 인생에 대해 말을 이어갔다. "인생을 살아오면서 작든 크든 많이 받아왔는데 이제는 받았던 모든 걸 남겨주고 싶은 생각이 들어요.", "우리는 인생이라는 긴 여정 가운데, 꿈과 목표를 향해 달려갑니다. 그 과정에서 왜 나는 저 사람보다 못할까, 남들과 비교해 때론 실망하고, 좌절하기도 합니다. 그러나 우리의 인생은 누구에게도 상대적인 잣대로 평가받을 수 없습니다. 왜냐하면 그 자체로 특별하고 아름다운 것이기 때문입니다. 자신의 인생을 그 자체로 아름답게 여기는 사람, 누구와 비교하지 않고, 자기가 하고 싶은 일을 묵묵히 하며 어떤 경지에 도달하려고 노력하는 사람 그가 아름다운 삶을 살아가는 '진정한 승자'입니다."라고 말했다.

우리가 그토록 바쁘게 살고 있는 이유가 어쩌면 남의 기준에 맞춰 인생의 문제를 생각하고 있는지 생각해볼 필요가 있다. 지금 나에게 소중한 것은 무엇이고, 내가 지키고 유지하고 싶은 삶은 무엇인가? 자신의 속도로 인생을 사는 태도를 행복한 삶의 비결로 강조하는 이유는 그렇게 해야 인생의 16만 시간은 몸과 마

음에서 긍정적인 에너지가 생기기 때문이다

"

어느 것 하나

옳다 그르다 판단할 수 없다.

우리는 그저 자기만의 속도가

옳다고 믿고 가면 된다.

삶의 때란 프로그램 정규시간처럼

정해질 수 없다.

―이유미, 『잊지 않고 남겨두길 잘했어』 중에서―

"

비전을 따라
움직여라

사람은 비전을 따라 움직이는데, 어떤 비전을 가지고 있느냐에 따라 생각이 달라지고 그 사람의 인생이 완성된다. 즉, 비전은 미래에 대한 인식이다. 비전은 일상의 문제들을 초월하는 힘이 있다. 삶의 최종 방향인 '사명'을 실현하기 위해 이루어야 할 그것이 바로 '비전'이 된다.

65세라는 결코 적잖은 나이에 제2의 인생을 시작해서, 세계적인 성공을 이룬 사람이 있다. 바로 '켄터키 할아버지'로도 유명한 KFC의 창업자 커넬 할랜드 샌더스(Colonel Harland Sanders)이다. 그는 65세에 사업 실패하고 105달러의 사회보장연금으로 생활을 연명한다. 그러나 74세에 600여 개의 체인점 사장으로 재기에 성공하고, 90세에 전 세계 80여 개국에 체인점을 설립했다. 그는 자신의 실패에만 머물러 있지 않고 자신이 가장 잘 할 수 있는 일에 도전했다. 그는 자신만의 노하우를 가진 치킨 레시피를 가지고 사람들을 만났다. 그러나 그는 무려 1,008번의 거절을 받게 된다. 그러나 그는 결코 용기를 잃지 않고 1,009번째 그는 꿈을 이룬다.

무엇이 그를 도전하게 했을까? 바로 내일에 대한 '비전과 희망'이다. 내일은 잘될 거라는 희망이 있었기 때문에 어려운 상황을 극복할 수 있었다. 요즘은 명예퇴직이나 조기퇴직으로 인해 예전보다 정년이 빨라졌다. 이러한 현상으로 40 · 50대 중년 남자들이 명예퇴직을 염려하며 닥쳐올 미래에 대한 불안감과 공허감으로 사는 사람이 많아졌다. 그러나 퇴직은 후반전에 비전이 있는 사람에게는 오히려 실직 기간이 전화위복의 계기가 되어 앞으로 의미 있는 삶을 설계하고 또 인생 16만 시간을 준비하는 기회를 갖는 것이다. 그러나 사람들은 나이 때문에 무엇에 도전하는 것이 어렵다고 말한다.

더글러스 맥아더(Douglas MacArthur)는 말했다. "젊음이란 어떤 기간을 말하는 것이 아니다. 그것은 마음의 상태요, 의지의 결과며, 상상력의 정도에 따라 결정한다. 일정기간을 살았다고 해서 늙어가는 것이 아니라, 자신의 이상을 포기했을 때 늙어버린다."라고 말했다. 이제 좀 더 의미 있는 일에 도전해야 한다. 그리고 희망을 가지고 포기하지 않고 실행하면 꿈은 현실이 될 수 있다. 세월은 우리의 얼굴에 주름살을 만들지만, 자신의 이상을 포기한다면 우리의 영혼을 주름지게 만든다. 선입견에 사로잡혀 아무것도 하지 못하는 것, 두려움, 불신, 절망 이런 것들은 죽음에 앞서 일어나는 먼지와 같다. 아름다운 것, 좋은 것 그리고 위대한 것들에 항상 마음을 열어놓고, 나 이외의 다른 사람들과 자연, 그리고 신으로부터 오는 메시지를 기꺼이 받아들일 수 있는 열린 가슴을 가지고 있는 한, 당신은 멋진 후반전의 주인공이 될 수 있다.

"

"인생은 자전거를 타는 것과 같다.
당신이 계속 페달을 밟는 한 당신은 넘어질 염려가 없다."

—마크 프리드먼(Marc Freedman)—

"

가장 잘할 수 있는 일에 도전하라

인생의 16만 시간은 강점 위에 자기를 구축하고 좋아하는 것, 잘하는 것에 집중하는 것이 필요하다. 60세가 다 되어 인생 반전을 일궈낸 마틴 허켄스는 30여 년 동안 빵을 굽다가 50대 중반에 직장에서 실직당해 실의에 빠졌지만, 어릴 때 꿈인 성악가가 되고 싶어서 자주 거리에 나가서 노래를 부르며 취미생활로 실직의 어려움을 달랬다.

그의 어릴 적 꿈은 오페라 가수. 하지만 가난이란 현실의 벽에 부딪혀 오페라 가수를 포기하고 제빵사가 되었다. 먹고 살기 위해 열심히 일했지만, 나이 들어 다니던 직장에서 밀려났다. 그런 아버지를 위로하기 위해 어느 날 그의 막내딸이 「홀랜드 갓 탤런트」라는 방송국 오디션 프로그램에 아버지 이름으로 몰래 출전 신청을 했다. 그는 두려움이 앞서 선뜻 답을 못하고 주저했지만 딸의 눈물 어린 설득에 결국 도전을 했고 놀랍게도 우승까지 했다. 이후 전혀 다른 길이 펼쳐졌다.

유튜브에 올려진 그의 노래들은 세계인의 마음을 사로잡았다. 발표하는 노래마다 동영상 조회 수가 2,000만이 넘고, 세계 각국에서 공연 요청이 쇄도했다. 네덜란드뿐 아니라 중국, 대만, 일본, 프랑스, 이탈리아, 뉴욕 등 해외 공연도 이어졌다. 마틴 허켄스 그도 처음부터 특별한 사람은 아니었다. 여느 사람과 다를 바 없는 평범한 삶을 살았다. 그러나 그것이 끝이 아니었다. 뜻하지 않게 우연히 기회가 왔고, 어려움 속에 그 기회를 뿌리치지 않고 도전했고, 마침내 가수의 꿈을 이루었다. 그리고 젊은 날에 청춘을 바친 빵이 아닌, 가슴을 채워주는 영혼의 빵인 노래로 다시 세상에 용기와 희망을 나눠주는 사람이 되었다.

또한 P 씨처럼 50대 후반에 1인 출판사의 도전에 후반전이 시작된 경우도 있다. 직접 출판사를 차리지 않는 이상 50살이 넘어서까지 회사에 남아 있기 힘든데, 3,000권이라는 책을 만드는 동안 쌓아온 기술과 노하우를 활용해 지금까지의 모든 경험을 응집해 1인 출판사를 차리기로 결심했다. "아이들을 위한 책을 만들고 싶었습니다. 왕따와 폭력이 난무하는 아이들의 근본적인 문제들을 다뤄보고 싶었죠. 어린이 심리치료 콘텐츠가 눈에 들어왔어요." 이렇게 1인 출판사가 탄생 됐고, 책을 통해 희망을 품고 사는 아이들을 키워내고 싶다는 꿈을 이루어가고 있다.

취미생활을 생업으로 바꾼 K 씨의 경우는 30년 동안 한 대기업에서 선박엔진을 제작하는 일을 했다. 퇴직 전부터 노후준비를 해야겠다고 생각했고, 자신의 취미생활을 살려보기로 했다. 재직 시절, 퇴근을 하고 나면 야간대학교에 다니면서 한자 지도사 2급 자격증을 따는 등 공부도 했다. 25년 전, 취미로 시작한 서예가 퇴직 이후 삶에 이렇게 큰 영향을 끼칠 줄 몰랐다. "서예를 통해 생계를 이어 나간다기보다는 장기적으로 직업이라고 생각하고 일을 할 수 있어서 자부심을 갖고 있다." 자의든 타의든 인생후반전을 시작하는 사람들이 주변에 많다. 우리에게도 이 같은 일이 일어나지 않으라는 법은 없다. 앤드류 매튜스는 "패자를 승자로 바꿀 수 있는 비법이 있다면 그건 바로 당신이 원하는 것에 집중하는 것이다."라고 했다. 이 말을 기억하며 전진해야 한다.

　　그렇다면 어떻게 해야 할까? 지금 내가 처해 있는 현실에 최선을 다하는 것도 중요하지만 인생 16만 시간을 설계해야 한다. 다만 상상이나 기대가 아닌 냉철한 시각에서 미래에 대한 설계를 하는 작업이 필요하다. 건강, 일, 사랑, 휴식 등 후반전에 필요한 여러 가지 요건을 충분히 고려해야 하는 것은 기본이다. 인생의 절반쯤 왔다고 생각한 지금 우리가 무엇을 계획하고 무엇을 하느냐에 따라 앞으로 남은 후반전이 모습을 드러낼 것이다.

"

나만의 강점을 찾는 방법 10가지

· · · · · ·

1. 내가 무엇을 즐기고 있는지 주목하라.

2. 믿을만한 친구와 가족에게 질문을 한다.

3. 나의 어떤 모습과 특징을 내가 좋아하는가?

4. 여태까지 해본 일 중에 어떤 구체적인 일을 특히 잘했던 것 같은가?

5. 뭔가 부족하고 잘 안 된다는 기분에 더 열심히 하게 된 뭔가 가 있었는가?

6. 어떤 순간에 정말 열정적이 되는가?

7. 어떤 순간에 정말 자랑스러운가?

8. 당신이 정말 닮고 싶은 롤모델이 있는가?

9. 사람들이 주는 피드백 중에 어떤 피드백과 의견이 정말 와닿 는가?

10. 다른 사람의 강점, 모습 중에 가장 와닿는 것은 무엇인가?

〞

HALFTIME

Motive | 동기부여

16만 시간의 기적

희망이 있는
사람은
음악이 없어도
춤춘다

은퇴 후 인생후반전 설계부터 실행까지

HALFTIME

돈으로는
반만 해결할 수 있다

인생은 돈이 있다고 모든 것이 해결되지는 않는다. 그래서 재화반사성(財貨半事成)이라는 말이 생긴 것이다. 즉, 돈으로 해결할 수 있는 건 반밖에 되지 않는다는 것이다. 그렇다면, 돈 말고 무엇이 더 필요할까? 보통 퇴직 준비라고 하면 사람들은 퇴직 자금을 어떻게 만들어야 하는지에만 관심이 많다. 그리고 퇴직 자금만 있으면 퇴직 후 삶은 그저 행복할 것이라고 착각한다. 그러나 자금을 마련하는 것은 반만 준비하는 것이다. 이보다 중요한 것은 인생후반전에 대한 인생설계가 더 중요하다.

세계 여러 나라 사람들을 대상으로 '은퇴'라는 단어에 대한 느낌을 비교한 설문조사가 있었다. 우리나라 국민들은 '은퇴하면 떠오르는 것'을 꼽으라는 질문에 '외로움(53%)', '자유(50%)', '두려움(48%)' 순으로 응답하였다고 한다. 반면 다른 21개국 응답자들은

'자유(69%)', '행복(61%)', '만족(61%)'의 순서로 답변을 내놓았다. 만약 인생의 계획이 없다면 외로움, 두려움이 더 많이 느껴질 것이다.

전 세계 시가총액 1위 기업인 애플의 최고재무책임자(CFO)였던 피터 오펜하이머는 만 51세에 은퇴를 선언했다. 애플이 최고의 기업으로 도약하기까지 큰 역할을 했고, 2년만 더 근무하면 애플주식 7만 5,000주를 받을 예정이었기 때문에 업계에서는 다들 의아해했지만, 그가 내놓은 이유는 단순 명쾌했다. "1996년에 애플에 입사해 2004년부터 만 10년째 CFO로 근무하고 있는데 이제 '자유인'이 되고 싶네요." 나이는 51세로 아직 한창이었지만 앞으로는 회사와 일이 아닌 자신과 가족을 위해 시간을 쓰고 싶다는 게 그 이유였다. 그는 은퇴 후 가족과 시간을 보내면서 오랫동안 하고 싶었던 일들을 하겠다고 밝혔다.

인생은 한 편의 연극과 같다. 1막이 끝나면 2막이 시작되고, 2막이 끝나면 또 3막이 시작된다. 이처럼 우리의 인생에도 여러 개의 막이 있을 수 있는 것이다. 또한 그 막의 수와 장르는 사람마다 다를 것이다. 이때 중요한 것은 1막이 끝난 후 우리에게 주어지는 '짧지만 의미 있는 시간'을 2막을 위한 리허설로 활용할 수 있다. 리허설이란 연극, 음악, 무용 등에서 본 공연을 앞두고 행하는 예행연습을 뜻한다. 이러한 공연 예술에는 리허설이 있지만 우리는 흔히 인생에는 리허설이 없다고, 오로지 실전뿐이라고 말한다. 하지만 '한 번뿐인 인생에 리허설은 없다.'라는 고정관념

16만 시간의 기적

은 고장 난 생각일 뿐이며, 하프타임을 통해 여러 번의 리허설로 잘 준비하면 언제든지 성공적인 후반전을 맞이할 수 있다.

그러기 위해서 우리는 하프타임을 통해 자신에 대해서 정확한 진단을 하고, 어떻게 새로운 삶을 살아야 하는지도 알게 되며, 나머지 인생을 더욱 의미 있게 살 수 있도록 준비하게 되는 것이다. 인생에서의 하프타임을 통한 리허설은 후반전의 전환점을 위한 결단을 의미한다. 전반전만 살다 가는 사람이 되지 않기 위해서라도 우리에게는 하프타임을 이용한 인생의 리허설이 필요하다. 아직 인생의 전반전을 보내고 있는 사람 역시도, 후반전의 준비를 해야 한다.

인도에 유명한 드레스를 만들고 모델이기도 한 크리시다 로드리게스라는 여성이 암에 걸리게 되었는데, 그녀가 임종 직전에 사람들이 읽기를 바라며 글을 올렸다.

"나는 지구에서 가장 유명한 차를 갖고 있다. 그러나 나는 병원 휠체어에 앉아 있다. 나의 집에 디자인이 다양한 옷과 신발, 장신구 등 비싼 물건이 많이 있다. 그러나 나는 병원의 하얀 환자복을 입고 있다. 은행에 아주 많은 돈을 모아놓았다. 그러나 지금 내 병은 많은 돈으로도 고칠 수 없다. 나의 집은 왕궁처럼 크고 대단한 집이다. 그러나 나는 병원 침대 하나만 의지해 누워 있다. 나는 별 5개짜리 호텔을 바꿔가며 머물렀다. 그러나 지금 나는 병원의 검사소를 옮겨 다니며 머물고 있다. 나는 유명한 옷 디자이너였으며 계약체결 때 나의 이름으로 사인을 했다. 그러나 지금은 병원의 진단검사지에 사인하고 있다. 나는 보석으로 장식된 머리 장식품이 많이 있다."

"그러나 지금 비싼 보석을 장식할 머리카락이 없다. 나는 비행기가 있어서 어디든 갈 때 타고 갔다. 그러나 지금은 간호사의 두 팔로 밀어주는 휠체어에 앉아 있다. 나에겐 먹고 마시는 비싼 식품들이 많이 있다. 그러나 지금 병원에서 약 먹을 물만 있다. 비행기, 보석 장식품, 비싼 옷, 많은 돈, 비싼 차 다 있지만 지금 나를 보호해줄 수 있는 것은 그 무엇도 없다. 오직 드리고 싶은 말은 사람이 살아갈 때 다른 사람들에게 이익이 되고 타인을 돕는 것, 이것이 가장 중요하다. 우리 생은 너무나 짧다. 이 한 생애에 비싼 물건들은 중요하지 않다. 가장 중요한 것은 타인의 행복을 위해 도움을 주는 것이다. 함께 나누지 못했던 것이 가장 후회된다." 이렇게 메시지를 남기고 그녀는 운명했다.

남은 인생의 절반을 위해 우리가 꼭 선택해야 할 것들이 무엇인지를 이제부터라도 고민해야 한다. 앞에서도 이야기했지만, "인생은 B(Birth)와 D(Death) 사이의 C(Choice)."라고 한 사르트르의 말을 상기해보자. 어떤 선택으로 B와 D 사이를 C로 채워 나갈지는 각자의 몫일 것이다.

"

후회 없는 '삶'을 위한 6가지 조언

. . . . . .

1. 지금 이 순간에 해야 하는 것이 무엇인지 구분해내어 그것에
   집중하라.

2. 세상에 대한 호기심, 사람에 대한 호기심을 유지하라.

3. 자기 자신을 믿어야 한다.

4. 결국은 '행동'이라는 말을 해주고 싶다.

5. 내가 오늘 반드시 해야 하는 일에 '집중하라'는 얘기를 해주
   고 싶다.

6. 모든 것은 불확실하다.

"

생각을 바꾸면
미래가 보인다

선진국의 은퇴자들은 은퇴 후의 여유로운 시기를 '황금 시기'라고 부른다. 은퇴하기 위해 일한다고 할 정도로 은퇴를 애타게 기다린다. 은퇴를 사회생활에서 물러나는 것이 아니라 오히려 일생 동안 하고 싶은 일을 새롭게 시작할 수 있는 좋은 기회라는 의미이다. 그들은 정년퇴직을 하게 되면 대학이나 재교육 등을 통해 자격증을 따거나 재교육을 받아 하루에 5~8시간씩 자원봉사를 하거나 비영리단체를 설립하여 사회 참여 운동을 하기도 한다. 하지만 우리나라의 은퇴자들은 여유 시간을 주체하지 못해 등산과 TV 시청 같은 일들로 소일하고 있어 선진국의 은퇴자들과는 다른 모습이다.

린타 그래튼(Lynda Gratton)과 앤드루 스콧(Andrew Scott)이 쓴 『100세 인생(The 100-Year Life)』이란 책에서 "제대로 예측하고 계획을 세

우면 장수는 저주가 아닌 선물이다. 그것은 기회로 가득하고, 시간이라는 선물이 있는 인생이다."라고 했다. 미국 하버드대학교 심리학과 앨렌 랭어 교수 연구팀은 노화 연구를 한 결과 마음먹기에 따라 사람의 노화 속도가 달라진다는 사실을 알아내었다. 생물학적 나이가 늘어나도 마음의 조절과 관리를 통해 천천히 늙어갈 수 있다는 것이다. 이때 중요한 것이 삶에 대한 열정이며, 이 열정은 자기 생활에 대한 결정권을 가질 때 생긴다.

1953년 5월 29일 텐징 노르게이와 최초로 에베레스트 산(해발 8,848m)을 정복한 뉴질랜드 산악인 에드먼드 힐러리 경이 세상을 떠났다. 그는 "뛰어난 사람만 인생을 잘 살 수 있는 게 아니다. 중요한 것은 동기다. 진정 무언가를 원한다면 온 맘을 다해라."라고 충고했다. 그의 저서 『모험하지 않으면 아무것도 얻을 수 없다(Nothing Venture, Nothing Win)』의 책 제목처럼 오늘 우리들에게 인생 자체가 모험임을 말해주고 있다. 우리 인생에서 모험 아닌 것이 하나도 없다. 정말 인생은 모두가 평범하지만, 모험은 용기 있는 모든 이에게 가능한 것이다. 그러나 아무나 에베레스트를 오를 수는 없다. 준비되어지고 훈련되어지지 않으면 안 되는 것이다. 비전을 가진 자들이 그 비전을 성취하기 위하여 피나는 훈련으로 흘린 땀의 결과가 그 모든 모험의 성취를 가능하게 하는 것이다.

그리고 분명한 것은 모험을 두려워하지 않는 용기이고, 그 모험을 현실 속에 이루기 위해 가능성을 심어주고 동기를 지속적으로 유발시키는 비전, 목표가 있어야 하는 것이다. 인생은 다양한 가능성이다. 그리고 모험이다. 한 번도 가지 않는 삶이기에 모든 것이 새롭고 모험인 것이다. 어느 누가 어떻게 될는지 모르는 것이 인생이다. 이 모험의 삶을 가는 도중에 우리가 피해야 할 것은 두려움이다. 모험의 연속인 인생의 위기 순간에서 우리를 지켜주는 가장 든든한 힘인 것이다.

C 씨(62세)는 건강에 빨간불이 들어와 시작한 운동으로 '제2의 인생'을 설계했다. 47세쯤 병원에서 건강 악화에 대한 경고를 여러 차례 받은 뒤 체중 감량을 위한 운동을 시작했다. 그리고 10여 년이 흐른 지금 운동 마니아를 넘어 전문가로 변신했다. 177cm의 키에 체중이 93kg까지 나갔던 C 씨는 매일 1시간씩 수영을 한 뒤 출근했다. 출퇴근 때엔 자전거를 이용했다. 그렇게 3년을 이어가자 체중이 75kg으로 20kg이 줄었다. 6년간 꾸준히 수영과 웨이트트레이닝을 하면서 수영지도자 자격증에 도전했다. 쉽지 않은 도전이었다. C 씨는 3년 전 은퇴 후 '건강 전도사'로 살겠다는 목표를 세우고 운동생리학 석사과정에 등록했다. 그가 이렇게 운동에 매진하게 된 배경에는 긴 시간 병으로 고생하다 돌아가신 아버지와 어머니가 있다. 그는 "100세 시대로 수명은 길어졌는데 내 건강이 좋지 않으면 가족도 고생할 것 같아 열심히 운동했다. 그러다 보니 새로운 일도 찾았다."라고 말했다. C 씨(62세)는 건강에 빨간불이 들어와 시작한 운동으로 '제2의 인생'을 설계하고 있다.

영국의 극작가 조지 버나드쇼의 묘비명에는 이렇게 쓰여 있다. "우물쭈물하다가 이렇게 될 줄 알았다." 자신의 묘비명에 이렇게 될 줄 알았다고 쓰고 싶은 사람이 있을까? 아마도 그는 결단하고 실행에 옮겼어야 하는데 생각만 하고 있다가 기회를 놓치고 말았다는 후회를 한 것 같다. "성공은 대박이 아니라 누적이다."라는 명언이 있다. 인생의 대박만을 좇지 말고 하루하루 인생의 후반전과 미래를 계획하고 준비해 간다면 멋진 후반전이 열리게 될 것이다.

"

마흔 살을 불혹이라던가

내게는 그 불혹이 자꾸

부록으로 들린다. 어쩌면 나는

마흔 살 너머로 이어진 세월을

본 책에 덧붙는 부록 정도로

여기는지 모른다.

삶의 목차는 이미 끝났는데

부록처럼 남은 세월이 있어

덤으로 사는 기분이다.

봄이 온다.

권말부록이든 별책부록이든

부록에서 맞는 첫 봄이다

목련꽃 근처에서 괜히

머뭇대는 바람처럼

마음이 혹할 일 좀

있어야겠다.

―강윤후의「불혹(不惑), 혹은 부록(附錄)」

"

　　　　　　　　　　　　　　　　　　16만 시간의 기적

인생후반전은
'END'가 아닌 'AND'다

　　퇴직 후, 직장이 없어진다는 것에 두려움도 살짝 있지만, 한편으로는 퇴직하면 앞으로 많은 시간 동안 하고 싶은 일들을 하며 나만의 삶을 계획하면서 살 수 있다. 이때 하프타임을 갖게 되면 'End'가 아닌 'And'의 인생후반전이 시작된다. 이 시점에 중요한 것이 삶에 대한 열정이다. 후반전에는 본인이 좋아하는 일을 할 수 있는 기회가 열리는 것이다. 후반전은 돈, 나이, 승진, 성공 등의 단어보다는 도전, 열정, 몰입, 재미와 같은 단어로 채워야 한다.

　　중년이 되면 누구나 마치 사춘기처럼 극심한 심리적 변화를 겪는다. 자신이 지금껏 살아온 길을 돌아보면서 '내가 지금 잘 살고 있는 건가.'라고 질문하고 직장에서는 승진의 갈림길로 두려워하고, 집에서는 가장으로서 점점 가족들로부터 멀어지는 시기라 외로움을 느낀다. 신체적으로도 쇠약해지면서 자신감도 줄어들고 따라서 이럴 때야말로 자신을 스스로 돌아보고 생산적 변화를 모색해야만 한다. 인생후반전은 내 능력을 최대한 개발하는 기간이다. 자신에게 있는 재능과 능력을 점검하고 발견하고 개발해 나가는 과정이다. 외국의 액티브 시니어들은 은퇴하자마자 대학에 진학하거나 자격증에 도전하여 간호사나 심리상담가, 화가 등의 교육을 받으며 자아 성취를 위해 열심히 노력한다. 심지어 은퇴 이전보다 은퇴 이후에 더 멋진 삶을 사는 사람들도 많다.

그렇다면, 질문해보자. "내가 정말 잘하는 일은 무엇인가?", "내가 하고 싶은 일은 무엇인가?", "내게 정말 중요한 것은 무엇인가?", "나는 어떤 사람으로 기억되길 원하는가?" 이러한 내 능력을 끌어올리기 위해서는 목표를 설정하고 그것을 향해 모든 노력을 집중하자. 마지막으로 계획을 실천에 옮기는 실용지수를 높여야 한다.

인간의 의식은 분명한 목적을 갖기 전에는 목표 달성을 향해 움직이지 않는다. 목표를 설정할 때 성공적인 후반전은 시작되는 것이다. 목표를 설정하는 순간 스위치가 켜지고, 성취하려는 힘이 현실화되는 것이다. 계획은 마치 피라미드를 쌓듯이 체계적으로 구축해야 한다. 흔히 은퇴 후를 핫 에이지(Hot Age)라고 말하는데, 말 그대로 열정을 가지고 또 다른 인생을 사는 시기라는 말이다. 사람은 나이를 먹어서가 아니라, 열정이 사라지고 할 일이 없어지면 그때부터 늙기 시작한다. 마음이 가장 먼저 늙는 것이다.

　　뉴욕 양키스에서 한 시대를 풍미했던 위대한 포수, 요기 베라 (1925~2015)가 남긴 명언 "끝날 때까지 끝난 것이 아니다."는 말은 요기 베라가 1973년 뉴욕 메츠 감독 시절 내셔널 리그 동부 디비전에서 꼴찌를 하고 있을 때 한 기자가 "이젠 시즌 끝난 건가요?" 라고 질문하자 이에 대한 답으로 했던 말이다. 그 후 뉴욕 메츠는 요기 베라의 이 말처럼 동부 디비전 1위를 차지하고 월드시리즈까지 진출하는 기적을 이루어낸다. 결국 'And'의 삶은 '끝날 때까지 끝난 것이 아니다.'

<blockquote>

"

"지금으로부터 1년 후

오늘 시작했더라면 좋았을걸

하고 바랄 수 있다."

–카렌 램–

"
</blockquote>

희망이 있는 사람은
음악이 없어도 춤춘다

"희망이 있는 사람은 음악이 없이도 춤춘다."라는 영국속담이 있다. 참으로 멋진 말이다. 워렌 버핏은 "나는 매일 아침 탭댄스를 추면서 출근한다."라고 말했다. 그가 매일 탭댄스를 출 수 있는 이유가 무엇일까? 바로 내일에 대한 희망이 있기 때문이다. 지금 당장 처한 상황이 위태롭고 짜증나고 괴로운데 탭댄스를 추는 것은 쉽지 않다. 그러나 희망이라는 음악에 맞추어 탭댄스를 추겠다고 마음먹으면 상황은 얼마든지 변화시킬 수 있다. 여기에서 희망은 "여기가 끝이 아니라, 새로운 후반전이 있다는 것이다."

희망은 미래에 대한 음악을 듣는 것이고, 믿음은 오늘 그 음악에 따라 춤추는 것이다. 나를 춤추게 하고 가슴 뛰게 하는 일은 무엇인가? 요즘은 명예퇴직이나 조기퇴직으로 인해 예전보다

16만 시간의 기적

정년이 빨라졌다. 이러한 현상은 40·50대 중년 남자들이 명예퇴직을 염려하며, 닥쳐올 미래에 대한 불안감과 공허감으로 사는 사람이 많아졌다. 그러나 결코 실직이 끝은 아니다. 그것은 분명히 에너지를 재충전시킬 수 있는 기회가 될 수 있다. 포기하지 않으면 분명히 기회는 온다. 그러나 우리의 문제는 너무 빨리 포기하는 것이다.

960차례 도전 끝에 운전면허증을 따내 '959전 960기 신화'를 쓴 차사순 할머니는 70세에 운전면허를 취득했다. 차 할머니는 5년 도전 끝에 필기시험에서 949번이나 떨어지고 950번 만에 합격하고 실기를 포함하여 모두 960번의 도전 끝에 운전면허증을 손에 넣었다. 차 할머니의 소식은 '의지의 한국인'이란 이름으로 세계 통신사를 통해 타전되면서 뉴욕타임스 등 해외언론에 소개됐고, 시카고 트리뷴은 차 할머니를 현대 부모들이 자녀들에게 기억시켜야 할 '집념과 끈기의 귀감'으로 소개했다. 차 할머니는 처음엔 자신 있게 운전했으나 자꾸 사고가 나고 다른 운전자들이 싫은 소리를 하니깐 상당히 위축되었다. 그러나 사고가 나면 날수록 운전을 더 잘해야겠다는 생각에 밤마다 마음속으로 운전연습을 했다.

차 할머니를 춤추게 한 희망은 '내가 운전하는 차로 채소장사도 수월하게 하고 손자들과 동물원에도 가고 싶다.'는 소박한 희망이 있었다. 또 그의 새로운 꿈은 제과 제빵 자격증을 따서 '손자들에게 빵을 구워 주는 것'이 소원이라는 희망에 다시 한번 도전하고 있다.

　이제 좀 더 의미 있는 일에 도전해야 한다. 그리고 그것을 희망을 가지고 포기하지 않고 실행하면 꿈은 현실이 될 수 있다. "희망이 있는 사람은 음악이 없어도 춤출 수 있다." 인생 16만 시간의 희망이라는 음악에 맞추어 함께 멋진 후반전의 탭댄스를 출 수 있기를 바란다.

<blockquote>
"

"가장 탁월한 인물은 자기연마와 공부를 멈추지 않았던 사람,

지금도 멈추지 않는 사람을 말한다. 노력 없이는 아무것도 얻을 수 없다.

인생은 영원한 공부다."

－샤를르 페기(Charles Peguy)－

"
</blockquote>

당신의 꿈을
절대 은퇴시키지 마라

진짜 승부는 4쿼터에 결정된다. 농구에 관심이 많은 사람이라면 다 아는 사실이지만, 진짜 승부는 4쿼터에 결정된다. NBA에서 벌어지는 경기의 50% 이상이 3쿼터까지 리드 당하던 팀이 4쿼터에 역전승을 거둔다고 한다. 적당한 점수 간격을 유지하며, 상대의 전력을 탐색하다가 마지막 4쿼터에서 단숨에 제압해버리는 것이다. 인생의 4쿼터를 앞두고 있다면 이런 전략은 의미가 있다. 자신이 꾸고 있는 꿈이 실현되려면 10년 이상 걸릴지도 모른다. 그러나 바로 그렇기 때문에 더 이상 꾸물거릴 시간이 없다.

축구팬이라면 기억할지 모르겠다. 2020년 2월 17일 토트넘은 아스턴 빌라와의 원정경기에서 2대2로 후반 인저리타임에 들어갔다. 4분 중 3분 30초가 지나갔고 모두가 동점으로 끝날 거라고 생각했다. 모두가 끝났다고 생각하는 순간 손흥민은 30m를 공을 몰고 질주해 결승골을 터뜨린 것이다.

많은 사람이 이 길로 가는 게 맞나? 내 적성에 맞는 일일까? 밤을 꼬박 새우며 고민한다. 그러나 생각해보면 부질없는 고민이다. 결국 그 일을 해보고 나서야 그 고민에 대한 답을 찾을 수 있다. 적성을 찾는 과정을 새로운 음식 먹는 것에 비유한다. 새로운 음식을 먹어봐야 내가 이 음식을 좋아하는지 아닌지를 알 수 있듯이, 일도 직접 해보기 전에는 나에게 맞는지 맞지 않는지 알기가 힘들다. 그렇다면, 내가 진정 원하는 꿈 리스트를 작성하고 정말 열심히 하나씩 체크해가며 그 나름대로의 희로애락을 최대한 만끽하고 노력해야 할 것이다.

첫째, 자원봉사활동이다. 봉사활동이야말로 시니어들의 전문성, 창의성, 그동안의 노하우를 총망라하여 도움을 줄 수 있고, 지역사회와 호흡하며 아웃사이더가 아닌 아름다운 세상의 주체가 될 수 있다. 둘째, 사회공헌활동이다. 시니어들의 높은 교육수준과 다양한 사회경험, 활동력을 활동적 노년(Active ageing)의 자세로 NGO 분야 등에 자발적 활동으로 연결하는 것이다. 시니어들의 이런 활동은 사회제도를 개선시키고, 정부 행정 정책을 지원하고, 사회의 질을 높일 수 있다.

에머슨은 자기 스스로를 평가하는 일에 대해 놀라울 정도로 간단한 방법을 설명하고 있다. "당신에게 주어진 재능이 곧 당신의 천직이다.", "당신의 꿈을 버리지 마라. 그 꿈을 절대 은퇴시키지 마라!" 그동안 갖고 있던 은퇴에 대한 고정관념을 폐기 처분하라는 것이다. 스스로 나이를 먹었다고 무대 뒤로 물러나지 말고 과감하게 현실에 도전하라는 것이다. 초등학교 교사로 퇴직한 황안나(71세) 할머니는 "우리 세대는 일하고 자식 키우느라 자기가 하고 싶은 일이 뭔지 미처 생각해보지 못한 사람이 많다."면서 "아무런 할 일이 없으면 긴 노년이 괴로울 거라는 생각에 내가 좋아하는 일을 찾아 나섰고, 덕분에 60대 이후 인생의 전성기를 맞았다."라고 했다. 황 할머니가 찾은 해답은 '여행'이었다.

황 할머니는 퇴직한 뒤 400만 원짜리 렌즈교환형(DSLR) 디지털카메라를 구입했다. 카메라와 옷가지까지 소형 김칫독 크기만한 등짐을 지고 110일에 걸쳐 통일전망대에서 서해안까지 걸어서 국토를 횡단했다. 80km에 걸친 국토 도보 종단여행도 했다. 지리산·소백산·덕유산을 각각 10번씩 올랐다. 건강도 뒷받침됐지만, '내가 좋아하는 일'에 대한 명확한 생각이 있었기에 가능한 일이었다. 여행이 끝나면 블로그에 사진을 올렸다. 황 할머니의 블로그에는 하루 평균 5,000명이 들어온다. 책도 2권이나 쓰고, 라디오 방송 출연도 수없이 했다. 그러나 황 할머니 같은 사람들은 아직 우리 사회에서 '소수'에 불과하다. 인생의 전반전이 어떠했는가는 중요하지 않다. 아직 후반전이 남았다. 자신의 인생이 가치가 있었는지 아니었는지, 남의 본보기가 되는 삶을 살

았는지 아니면 손가락질받는 삶을 살았는지는 인생의 후반전이
끝나야 알 수 있다.

"

가지 않은 길(The Road not Taken)

. . . . . .

노랗게 물든 숲속에 두 갈래 길이 있었습니다.

난 나그네 몸으로 두 길을 다 가볼 수 없어

아쉬운 마음으로 그곳에 서서

한쪽 길이 덤불 속으로 감돌아간 끝까지

한참을 그렇게 바라보았습니다.

그리고는 다른 쪽 길을 택했습니다.

먼저 길에 못지않게 아름답고

어쩌면 더 나은 듯도 싶었습니다.

사람들이 밟은 흔적은 비슷했지만 풀이 더

무성하고 사람의 발길을 기다리는 듯해서였습니다.

그날 아침 두 길은 모두 아직

발자국에 더럽혀지지 않은 낙엽에 덮여 있었습니다.

먼저 길은 다른 날로 미루리라 생각했습니다.

길은 길로 이어지는 것이기에

다시 돌아오기 어려우리라 알고 있었지만.

먼먼 훗날 어디에선가

나는 한숨 쉬며 이야기를 할 것입니다.

"숲 속에 두 갈래 길이 있어

나는 사람이 덜 다닌 길을 택했습니다. 그리고

그것이 내 인생을 이처럼 바꿔놓은 것입니다."라고.

－로버트 프로스트－

"

HALFTIM

E xcellent | 사명선언서

16만 시간의 기적

쓰면
이루어진다

은 퇴 후 인생후반전 설계부터 실행까지

HALFTIME

쓰면 이루어진다

대부분의 은퇴자들이 후반전을 시작하면서 무엇을 하고 싶은지에 관한 목록을 생각하기보다는 무엇을 먼저 포기해야 할지를 생각한다. 후반전은 양보, 체념, 포기의 시간으로 생각하는 한 미래는 결코 행복으로 채워지지 않을 것이다. 지금 당장 실현할 수 있는 나의 목표는 무엇인가? 그것을 가능하게 하는 나만의 재능은 무엇인가? 과연 무엇이 내 삶이 끝날 때 세상에 잠시 들렀다 가는 게 아니라 제대로 된 인생을 살았다고 느끼게 해줄 것인가? 전반전이 자기 자신을 위한 시간이었다면, 이제 후반전은 타인을 배려하고 거기서 행복을 찾아야 하기 때문이다. 그런 사람이 되기 위해서는 보잘것없는 꿈이라도 일단 꿈을 꿔야 한다. 꿈은 젊은 사람들의 전유물이 아니라 모든 인간의 특권이다.

만약 당신이 지금 60세라면, 일을 완전히 그만둘 때까지 적게는 20년, 많게는 30년 이상의 시간이 남아 있다는 사실을 직시하라. 나를 행복하게 만드는 게 무엇인지, 나에게 목적의식과 성취감을 주는 것은 무엇인지, 그 모든 것들을 어떻게 발견하고 경험할 수 있는지를 말이다. 당신이 얼마나 멋진 후반전을 살 수 있느냐 하는 문제는 삶의 목적을 재발견하는 것에 따라서, 그리고 그것을 발전시키기 위해 계획을 짜고 실현해 나가는 것에 따라서 크게 달라질 것이다. 꿈을 수치화해서 기한을 정하는 것, 꿈을 구체적인 목표로 나타낼 수 있다면 절반은 이룬 것이나 다름없다. 목표를 명확하게 입으로 말하는 것이 좋다. 주위에 알리는 것으로 자신을 더욱 몰아갈 수 있기 때문이다.

그리고 종이에 자신의 소원이나 목표를 적는 것이야말로 이러한 메시지들을 가장 효과적으로 나타내는 방법이다. 종이와 펜을 잡고 일단 쓰기 시작하면 머지않아 당신은 당신이 바라는 대로 진짜 그렇게 된다. '쓰기'의 힘을 제대로 사용하면 우리가 바라는 것을 이룰 수 있다. 그래서 철학자 칸트는 "성공에 이르는 첫걸음은 자신이 마음속으로 무엇을 바라고 있는지 발견하는 일이다."라고 했다.

많은 성공한 사람들은 자신의 목적과 소명을 종이에 쓰는 것이 열정을 더하게 하고 힘을 주는 원천이라고 말한다. 단순히 마음속의 열망만으로는 성공으로 가는 강력한 엔진을 갖기 어렵다는 것이다. 자신이 원하는 일이 무엇인지를 알고 그것을 구체적인 문장으로 종이에 옮기는 것이 필요하다. 헨리 무어(Henry Moore)는 "인생의 비결은 매 순간 자신이 완수해야 할 과업을 가지고 사는 것이다. 그리고 그 과업은 전 생애를 다 바칠수 있는 것이어야 하고, 모든 것을 다 걸 수 있는 것이어야 한다."라고 했다. 이렇게 하기 위해서는 당신의 목표를 종이에 써야 한다.

자신의 사명선언서를 쓰는 것은 건축가가 하나의 건물을 만들기 위해 설계도를 만드는 과정과 똑같다. 건축가는 장래에 태어날 건물을 머릿속으로 구상하면서 동원 가능한 모든 것을 설계도에 담는다. 그러면서 하나하나 현실에 맞게 고쳐나간다. 당신도 그렇게 해야 한다. 후반전을 위한 열정, 힘, 목적, 소명을 포함한 목표와 비전을 글로 쓰고, 그것을 현실에 맞게 고쳐나가야 한다. 처음엔 너무 막연해서 무엇을 적어야 할지 모를 것이다. 뭔가를 적어야 한다는 압박감에 현실과는 동떨어진 생각이 떠오를지도 모른다.

무엇이 당신을 움직이게 하는가? 무엇을 할 때 가장 신이 나는가? 언제 가장 살아 있다고 느끼는가? 당신에게 동기부여를 제공하는 일은 무엇인가? 조직의 일부가 되어 일하는 것과 혼자 독립적으로 일하는 것 중 무엇이 더 좋은가? 어떤 사람들과 일할 때 가장 좋은가? 어떤 일을 구상할 때, 구체적인 역할과 지위를 감안해서 환경과 조건에 대해 더 깊이 생각해보라.

　당신이 목표로 하는 것들을 기록하지 않는다면 당신은 뿌려지지 않은 씨만을 가진 것이다. 뜻을 세운다는 것은 목표를 선택하고, 그 목표에 도달하도록 행동과정을 결정하는 것이다. 결정한 다음에는 목표에 도달할 때까지 결정한 행동을 계속하면 된다. 중요한 것은 행동이다. 인생후반전을 살아가는 사람에게 부족한 것은 시간이나 돈이 아니라 행동력이다. 현실에 안주하면서 조심스럽게 세상을 향한 안테나만 높이는 한 기회는 좀처럼 찾아오지 않는다.

　목표 달성을 위한 첫 번째는 나무가 아닌 숲, 큰 목표를 세워야 한다. 자신이 이루고자 하는 목표를 시각화하는 것이다. 수영황제로 불리는 마이클 펠프스 역시 그의 코치 보먼과 훈련할 당시 실제 경기장의 환호 소리나 물의 느낌, 분위기 등을 상상했다고 한다. 이처럼 시각화된 목표는 그것을 달성하는 추진력을 주고 달성까지의 시간을 줄여줄 수 있는 방법이다. 시각화된 목표는 가능한 자주, 많이 볼 수 있는 곳에 두는 것이 필요하다.

“목표를 달성하고 싶으면 그것을 기록하라.

목표 달성에 헌신하겠다는 마음으로 목표를 기록하라.

그러면 그 행동이 다른 곳에서의 움직임을 이끌어낼 것이다.

목표를 이루려면 일단 목표를 기록하라.”

−헨리엔트 앤 클라우저−

기적의
사명선언문

인생사명선언문은 인생의 비전, 목표, 가치관 등을 담은 글이다. 스스로의 내면과 소통하여 자기가 어떤 사람인지 그리고 어떤 사람이 되고 싶은지 다짐을 정리함으로써, 살아가며 두고두고 펼쳐보는 나침반과도 같은 역할을 해준다. 바로 자기의 삶을 이끌어가는 문장들인 것이다. 일종의 인생의 나침반이며 평가, 점검표라고 할 수 있다. 삶의 궤적이 흐트러지지 않도록 방향을 안내해주며, 중간중간에 자신의 삶을 점검할 수 있도록 도와주기 때문이다. 그래서 인생사명서(Mission Statement) 작성은 인생의 방향을 명확히 하여 탁월한 결실을 맺기 위한 첫걸음이다. 이것이 극소수의 사람들이 자신과 세상을 변화시킬 수 있었던 이유다.

그렇다면 인생사명서는 도대체 무엇일까? 보물을 찾으러 떠날 때 나침반이 필요하듯이 인생사명서는 미래의 행동의 원칙을 제시해주는 나침반과 같은 것이다. 이러한 사명서는 개인의 헌법과도 같아서 자신의 행동을 올바르게 결정할 수 있도록 도와주는 독특한 문서다. 사명은 이 땅에서 자신의 목숨이 다할 때까지 해야 할 일이 무엇인지 분명히 알고 그것을 알기 쉽게 문서화한 것이다 사명서가 있는 사람은 자체 동력이 있는 배에 비유될 수 있다. 이런 사람은 주도적인 삶을 살 수 있으며 의지력을 사용할 수 있고, 파도가 몰아쳐도 자신의 목적지가 분명하기 때문에 중도에 포기하지 않고 씩씩하게 나아갈 수 있다.

반면 인생사명서가 없는 사람은 자체 동력이 없는 뗏목에 비유될 수 있다. 이런 사람은 파도가 밀려오면 밀려오는 대로 이리 쏠리고 저리 쏠리듯 하여 주로 주위 환경의 영향을 많이 받게 된다. 사람은 자신의 핵심가치에 의해 스스로 행동을 결정한다. 그래서 인생사명서는 행복한 인생 항해를 위한 나침반 역할을 하게 된다. 인생사명서를 작성하는 방법에 대해 경영학의 대가 피터 드러커는 '자신이 하는 일의 목적이 무엇인지, 그리고 남들이 자신을 어떠한 사람으로 기억해주길 원하는지' 밝히면 된다고 말한다.

모든 위대한 인물에는 자신만의 독특한 선언문 같은 것이 있다. 그들은 단순히 위대한 일을 하겠다고 하는 것이 아니라 자신의 재능에 맞게, 그리고 자신이 그리고 꿈꾸는 세상을 향해 자신이 할 수 있는 일을 말한다. 그래서 인생사명선언서는 자신의 인생에 있어서 일종의 할 일과 역할을 정해놓는 것이라고 보아야 한다. 거기에는 자신이 나아가야 할 인생의 목표에 대한 비전과 희망이 포함되어 있다.

그래서 인생에 있어서 목표를 설정하기에 앞서 자신의 역할을 설정하여 놓으면, 질서정연하고 방향성 있게 인생에 배열되어 더 가치 있고 보람된 삶을 살게 되는 것이다. 그러므로 로리베스 존스는 "인생사명선언문의 위력은 개인이나 기업의 위치를 올바르게 설정해주고, 정열적으로 활동하도록 북돋아주며, 그 활동을 측정하는 잣대 역할을 한다. 인생사명선언문은 인생좌표다."라고 정의한다.

인생사명선언문을 작성하는 데 가장 좋은 방법 중 하나는 몇 가지 질문을 스스로에게 던져보는 것이다. 나는 무엇에 열정을 느끼는가? 이 세상이 필요로 하는 것들 가운데 내가 채워주고 싶은 것은 무엇인가? 자신이 추구하는 가장 가치 있는 것이 무엇인지를 정의 내리는 것이 바로 인생사명선언문이다. 인생사명선언문 없이 삶을 살아가는 것은 GPS를 장착하지 않고 비행하는 것과 같다. 사명서의 양식에는 '인생의 궁극적인 목적', 자신의 '존재의 의미', 가장 중요한 '가치' 그리고 '장기적인 목표'를 적어라.

•인생사명선언문(Mission Statement) 작성의 예•

1. 당신에게 가장 의미 있고, 중대하고, 흥미로운 동사 3개를 여기에 적어라.
2. 당신을 대표할 수 있는 핵심가치를 적으라.
3. 당신이 긍정적인 영향을 미치고 싶은 한 집단, 단체, 혹은 목적을 선택하고 그것을 다음에 적어보자.

위 1~3을 통합하여 아래와 같이 작성하라.

나의 인생사명은 (　　　　)을 위하여(단체, 인물, 목적)

(　　　　)을(핵심가치) **(　　　　)(하)고,**

(　　　　)(하)고, (　　　　)(하)자는 것이다.

이러한 인생사명서는 살아가는 데 있어서 인생의 항해를 시작하고, 그것을 평가하고, 수정하고, 다시 항해를 개시하는 데 불변의 기본역할을 한다. 그것은 진정 우리가 원하는 것이 무엇인지, 그 원하는 것을 이루기 위해서 어떻게 살아야 하는지, 어떤 사람이 되는지 등과 같은 삶의 현안들을 구체적으로 제시한다. 따라서 명료하게 작성된 사명선언문은 인생을 살아가는 데 가장 유익한 동반자가 되어줄 것이다. 그리고 매일 아침 큰 소리로 읽어보자. 소중하게 여기는 가치를 지키면서 살아가고 있는지 돌아보는 시간이 될 것이다.

66

"인생사명서는 주위의 여건과
사람들의 감정에 좌우되기 쉬운 상황에서
인생의 중대한 결정을 내릴 때,
일상의 결정을 내릴 때
기준이 되는 개인 헌법이다."

-스티븐 코비-

99

인생사명서
선포하기

내 꿈을 자꾸 말하고 선포하는 사람은 그것을 듣는 본인 자신이 일단 가장 큰 혜택을 입게 된다. 바로 그 말을 하는 본인의 목소리를 본인이 듣는다는 것, 듣다 보면 '믿음'이 형성된다. 믿음은 '들음'에서 나고 듣지 못하면 믿음의 재료가 아예 없는 상황이다. 본인의 꿈과 목표를 일단 입 밖으로 선포하고 꺼내어 놓아야 일단 가능성이라는 것이 생긴다. 가능성이 없어 보이니 입 밖으로 꺼내지도 않는다? 그러면 이루어질 확률이 0%에서 결코 발전하지 않는다.

일단 내 꿈을 꺼내어 세상 밖에 드러내고 나타내야만이 그 꿈에 가능성이 생기고 현실화될 확률이 상승하는 것이다. 모든 것은 두 번 창조되는데, 첫 번째 창조는 내 마음에서 그리고, 두 번째는 입에서 먼저 창조되는 것이 모든 창조의 순서이고 원리이다. 지금 눈에 보이고 손으로 만져지는 모든 현실들은 그 누군가의 상상 속에서 먼저 만들어진 것이라는 것을 결코 잊어서는 안 되는 것이다.

아무리 긍정적인 마음을 가졌다 하더라도 그것을 단순히 마음속 꿈으로만 갖고 있다면 아무 소용이 없다. 성공, 희망, 신념, 노력, 최선 같은 명사형은 그 자체로는 추상적인 관념일 뿐이다. 그것을 이룰 수 있는 방법은 동사를 사용해야 한다. 예를 들면 "나는 성공하기 위해 ~을 하겠다.", "나는 희망을 이루기 위해 ~을 하겠다."라고 선포하는 것이다. 당신에게 지금 필요한 것은 막연하고 모호한 생각이 아니라 구체적인 실천이고 행동이다. 성공을 말하되 그 방법을 찾아야 하고 희망을 말하면서 구체적인 행동 요령을 강구해야 한다.

"위대한 생각은 위대한 결과를 낳고 평범한 생각은 평범한 결과를 낳는다."는 말이 있다.

비전을 동력화하기 위해서는 먼저 선포해야 한다. 아메리카 인디언들은 어떤 말을 10,000번 이상 되풀이하면 그 일은 반드시 이뤄진다고 믿었다. 지금 당신이 중얼거리는 말은 무엇인가? 그대로 될 것이다. 많은 사람들은 목표가 중요하다는 것에는 공감하면서도 이미 목표를 가지고 있다고 생각하기 때문에 목표를 세우는 데 특별히 시간을 들이지 않는다. 하지만 보통 사람들이 목표라고 생각하는 것들은 '행복해지고 싶다.', '많은 돈을 벌고 싶다.' 같은 막연한 소망이나 꿈에 불과하다. 이것들은 결코 목표가 아니다.

목표는 '매달 100만 원을 저축하겠다.', '올해 안으로 체중을 5kg 감량하겠다.'처럼 구체적이고 결과를 확실히 알 수 있는 것이어야 한다. 다시 말해 비전은 '당신의 마음속에 열정을 불러일으키는 미래에 대한 그림이다.' 1,500년 전 서양의 교부 아우구스티누스는 "네가 다른 사람들에게 불을 지피려면 그것이 네 내면에서 불타고 있어야 한다."라는 말을 남겼다. 청중은 난로 안에 들어 있는 장작과도 같다. 거기에 메마른 모래나 차가운 물을 뿌리면 훗날 누가 불씨를 심어도 타오르지 않는다. 하지만 거기에 불씨를 넣고 부채로 조금만 부치면 활활 타오른다. 비전은 '마음의 환기장치'이다. 비전은 마음에 정체되어 있는 걱정, 긴장, 불쾌감을 제거한다.

이제 하프타임을 통해 인생사명서를 선포했다면 실행해야 한다. "여기 한 위대한 시인이 묻혀 있다. 하지만 그는 시를 한 줄도 쓰지 못했다. 여기 위대한 장군이 묻혀 있다. 하지만, 그는 군대를 지휘할 기회를 얻지 못했다. 여기에 한 발명가가 묻혀 있다. 하지만, 모든 발명의 아이디어는 그의 머릿속에만 존재했다." 이제 후반전을 시작하려면 행동으로 시작해야 한다. 시인이 되고자 한다면 시를 쓰기 시작해야 하고, 장군이 되고 싶다면 군대에 가야 한다. 발명가를 꿈꾸고 있다면 발명의 아이디어를 기반으로 무엇인가를 만들기 시작해야 발명가의 꿈을 이룰 수 있다. 자 이제 '16만 시간의 기적'을 이루는 주인공이 되기 위해 희망차게 시작하자.